公路简史

蔚欣欣　胡启洲　韩雄俊　刘和灵　编著

杨爱国　主审

人民交通出版社

北　京

图书在版编目（CIP）数据

公路简史 / 蔚欣欣等编著 . — 北京：人民交通出版社股份有限公司，2025.5
ISBN 978-7-114-19267-8

Ⅰ.①公…　Ⅱ.①蔚…　Ⅲ.①公路运输—交通运输史—世界　Ⅳ.① F541.9

中国国家版本馆 CIP 数据核字（2024）第 024105 号

Gonglu Jianshi

书　　名：	公路简史
著 作 者：	蔚欣欣　胡启洲　韩雄俊　刘和灵
责任编辑：	陈　鹏　齐黄柏盈
责任校对：	龙　雪
责任印制：	张　凯
出版发行：	人民交通出版社
地　　址：	（100011）北京市朝阳区安定门外外馆斜街3号
网　　址：	http://www.ccpcl.com.cn
销售电话：	（010）85285857
总 经 销：	人民交通出版社发行部
经　　销：	各地新华书店
印　　刷：	北京市密东印刷有限公司
开　　本：	720×960　1/16
印　　张：	17.75
字　　数：	250千
插　　页：	1
版　　次：	2025年5月　第1版
印　　次：	2025年5月　第1版　第1次印刷
书　　号：	ISBN 978-7-114-19267-8
定　　价：	88.00元

（有印刷、装订质量问题的图书，由本社负责调换）

作者单位简介

作者单位为交通运输部规划研究院（简称"规划院"），本书依托项目团队科研成果形成。规划院建于1998年3月，由1951年成立的原交通部水运规划设计院和1954年成立的原交通部公路规划设计院中规划研究业务板块合并设立，为部直属一级事业单位（公益二类）。规划院以"交通强国、规划先行"为宗旨，以服务国家重大战略实施、支撑交通强国建设为使命，着力建设面向国家发展需求、面向行业技术前沿、面向交通运输市场，服务政府科学决策的一流高端专业智库和服务行业发展的一流特色科研国家队，奋力攀登综合交通运输规划技术创新高地，全力打造高水平人才聚集地，为交通强国建设提供有力支撑。

《公路简史》

编 审 委 员 会

主　　编：蔚欣欣　胡启洲　韩雄俊
　　　　　刘和灵
主　　审：杨爱国
编　　委：唐国议　刘　颖　邵　洁
　　　　　王　宇　崔　姝　马　俊
　　　　　岳福青　纪　绪　饶宗皓
　　　　　张　鹏　孙智源　卞长志
　　　　　李　悦　杜国利　高　辉
　　　　　刘少鹏

序言
FOREWORD

公路贯通东西南北、连接千家万户，是人们生活中最常见、最常用的交通设施。当我们奔驰在高速公路或畅行在乡村道路上，享受公路交通带来极大便利的同时，或许会产生这样的好奇：古代的道路长什么样？我国的公路是怎样一步一步发展到今天的？国外的公路又是什么情况？《公路简史》希望尝试解答这些问题。

本书的编写团队是一群从事公路交通规划研究的年轻人，出于对我国公路发展历史的热爱，他们搜集了大量文献资料，并开展了深入的研究，历经数年时间，完成了《公路简史》一书的编撰工作。

由"新公路人"修"老公路史"，这是一次跨越时空的链接，也是一种生生不息的传承。作为一名从事公路研究工作近40年的"老交通"，我被编写团队对于公路的热爱所感动，更为公路交通文化生生不息的传承而深受鼓舞。我相信，这份热爱与传承，会给行业内外心存公路情怀的读者带来共鸣。

对于交通行业的业内人士而言，读这部书可以温故知新。在书中，您可以看到从新石器时代中国最早出现的驮运道、秦代的秦直道、汉代的丝绸之路，到唐代的茶马古道、元代的驿路，再到清代的官马大路，纵览古代道路以朝代更迭为轴线而不断变迁发展的历史图景。在书中，您还会看到公路的初生、演变和发展历程，尤其是现代中国公路从零基础起步，不断探索、实践，直至走向世界前列的中国特色发展之路。在书中，您更会看到中国几代交通人奋斗的点滴、挥洒的汗水，并为今天取得的辉煌成绩油然而生满满的自豪感。

对于交通行业以外的社会大众而言，这本书颇具趣味性和可读性，不失为一本快速了解公路前世今生的科普读物。书中不仅介绍了公路发展史实、关键事件、趣闻轶事及其演化特点，还根据相关史料，精心选取了不同年代、极具代表性的道路相关图片，图文并茂地展示了各时期道路发展的特点，以便于读者直观理解。此外，本书以百科知识问答的方式，通俗易懂地介绍了公路的定义、构成、分类、编号、管理等各方面的科普小知识，以便公众更好地了解和掌握。

当然，编写史书是极严肃谨慎的事，编写难度也非常大。限于时间与经验，书中难免有疏漏与不足之处，但瑕不掩瑜。本书的编撰是一次有益的探索和尝试，期待读者给予更多的包容和鼓励。希望以此书为一扇小窗，帮助大家认识公路、了解公路，也衷心希望更多读者关心和支持中国公路交通，使公路发展成为人民生活的重要回忆，凝聚成国家和民族历史文化记忆的重要组成部分。

交通运输部规划研究院副院长

石良清

2024年2月

前言

交通是兴国之要、强国之基。党的十九大提出建设交通强国，为新时代交通运输发展指明了方向。公路作为铺设最广泛的基础设施，是综合交通网中基础网与干线网的绝对主体和快速网的重要组成部分，也是衔接其他各种交通方式和发挥综合交通网络整体效率的主要支撑，在综合交通运输体系中具有不可替代的作用，更是贯彻落实新时代交通强国基础设施发展目标任务的主力军、主战场和排头兵。未来，我国将建成覆盖广泛、功能完备、集约高效、绿色智能、安全可靠的现代化高质量公路交通网络，中国公路也将成为与世界相交、与时代相通的行业品牌。因此，《公路简史》作为一本介绍公路的基本知识、演变历程、我国公路发展成就和世界各国公路发展特点的读物，在传承公路文化历史积淀、培育新时代公路文化品牌、提升公路发展软实力等方面，具有重要意义。

本书主要内容有：

（1）古代道路。主要以我国道路发展历史为脉络，分别介绍了先秦时期、秦汉三国两晋南北朝时期、隋唐宋元时期、明清时期的道路发展状况和特点。另外，我们也介绍了对应时期外国道路发展的状况，以帮助读者对外国道路发展形成全面的认识。

（2）公路初生。19世纪末，随着汽车的诞生，公路出现了。20世纪初，外国公路发展进入了新的阶段。我们从国内外两个视角，分别介绍了这一阶段公路的发展历程。

（3）现代中国公路。该部分全面展现了新中国成立70多年来公路发展的巨大成就，分三个阶段加以介绍：一是从新中国成立到改革开放以前，国家对战后损毁的道路进行修建，基本搭建起全国公路主骨架。二是从改革开放到20世纪末，"要想富，先修路"的口号响遍全国，公路建设逐步提速，高速公路在中国大陆实现零的突破。三是从21世纪初至今，公路建设基本适应经济社会发展需求，开启了中国公路高质量发展的新征程。

（4）现代外国公路。放眼全球，世界各个国家几乎都建设有适应当地情况的公路，服务着人口流动和货物运输需求。我们在第四章介绍了除南极洲以外的六大洲20个国家的公路，帮助读者了解现代外国公路的发展历程、当前情况和奇闻趣事。

（5）公路小百科。在了解了公路发展的历史后，该部分介绍了公路相关的基本知识，供感兴趣的读者参考学习。具体内容包括公路的定义、组成、分类、编号和命名规则，以及公路养护和管理工作等。

本书部分图片和内容来自网络，由于无法找到源头，在此向原作者及相关人员表示感谢和敬意。在编写本书的过程中，作者得到了人民交通出版社各位编辑的无私帮助，在此也表示衷心感谢。

本书可供中小学生、大专院校师生以及广大公路爱好者阅读。由于时间紧张和水平有限，书中难免有疏漏和不当之处，敬请大家批评与指正。

作　者

2023 年 12 月

目录
CONTENTS

起源篇

诞生篇

第二章　公路初生　　　　　　　　　　　　　045

发展篇

问答篇

第五章　公路小百科　215

道路最初是由人们在平坦松软的地面上行走踩踏而成，而后不断向更加复杂的地理空间拓展。翻越崎岖的高山，2000多年前的古人在悬崖峭壁开凿菱形的孔穴，铺上木板，建造蜿蜒盘桓的山间栈道。跨越湍急的河流，隋代的赵州桥以最合理的力学曲线，在一江清水上勾勒出东方的刚柔之道。消除屏障，缩短时空距离，成为道路建设最初的意义。在古人和自然的伟大博弈中，形态各异的道路展现出人类超凡的智慧与力量，以及卓越的审美与向往。

起源篇

第一章我们沿着国内外陆路交通的发展脉络，和大家一起探寻古代道路的演变历程。这个部分我们分为四个阶段，即公元前 3 世纪以前（对应我国的先秦时期）、公元前 3 世纪至公元 5 世纪（对应我国的秦汉三国两晋南北朝时期）、公元 5 世纪至 14 世纪（对应我国的隋唐宋元时期）和公元 14 世纪至 19 世纪（对应我国明清时期），分别介绍国内外道路的发展历程。

第一章

古 代 道 路

第一节　公元前 3 世纪以前（先秦时期）

一、夏商时期

原始的道路是由人们踩踏而形成的小径。东汉训诂学著作《释名》解释道路为"道，蹈也；路，露也。人所践蹈而露见也"。根据有关记载，距今 4000 年前的新石器时代晚期，中国就有役使牛马为人类运输而形成的驮运道，并出现了原始的临时性桥梁。

相传中华民族的始祖黄帝，因看见蓬草随风吹转，而发明了车轮，于是以"横木为轩，直木为辕"制造出车辆，对交通运输作出了伟大贡献，被尊称为"轩辕氏"。很多专家认为，至少在公元前 27 世纪，中国的黄河流域和长江以北地区就已经存在简易的车辆，同时也已有了人工修筑的道路。

黄帝以后的尧舜禹时代，我们从大禹治水所治理的 9 条江河的分布来看，可知其跨度东西超过了 2000 公里，南北也在 1000 公里以上。辽阔的疆域，为形成规模庞大的道路网提供了条件。据《淮南子》记载："天下广狭，险易远近，始有道里。"这就是说，当时不仅平原山地都有道路，而且道路上已经立有记数的标尺，即现代所谓的里程碑。根据这一记载，我们可以推断出当时的道路通达遥远，并且已经有了原始的道路管理。

商朝取代夏朝后，虽然仍遭受黄河泛滥，但因为道路较夏朝更加通达，中央政权对地方的控制能力也比夏朝更为有效。此时的人们已懂得夯土筑路，并学会使用石灰稳定土壤。殷墟考古中就发现有碎陶片和砾石铺筑的路面。商代在大道上设立了许多据点和休息之处，是驿站的雏形。这些据点最早被称为"堞"（读作dié，指城墙上的矮墙），大约是用木栅墙筑成的防守工事，50里设置一处；后来发展为"次"，可用于暂住；再往后又建立"羁"，是专为商王和贵族们设置的道边旅舍，被认为是中国最早的驿站。而驿站正是后世驿传制度的重要基础。据《墨子·非攻》记载："通于四方，而天下诸侯莫敢不宾服。"一个以商都为中心、通往各诸侯领地的道路系统已初步形成。商代马车复原图见图1-1-1。

图 1-1-1　商代马车复原图

二、西周时期

西周时期，我国道路的规模和管理水平已有了相当的发展，形成了较为系统的路政管理。当时已将道路分为市区和郊区：城市道路分"经、纬、环、野"四种，南北之道为经，东西之道为纬，城中有九经九纬，呈棋盘状，围城为环，出城为野；郊外道路分为路、道、涂、畛（读作 zhěn，指田地里的小路）、径五个等级。可见，周朝的道路已较为完善。

周武王姬发灭商后，除都城镐京（今陕西西安附近）外，还根据周公姬旦的建议，修建了东都洛邑（今河南洛阳），以便于控制东方新纳入的大片疆土，并更好地对付殷商残余势力。为了有效发挥两京的政治经济文化中心的作用，在两京之间修建了一条宽阔平坦的大道，号称周道。而且，周朝还以洛邑为中心，向东、北、南及东南方向又修建了等级不同的辐射状道路。周道是西周王室的生命线，是国家交通的主干道，也是横贯东西的大动脉（图 1-1-2），在我国经济文化发展史上起到了奠基性作用。

图 1-1-2　西周主要道路

三、春秋战国时期

春秋战国时期（前 770—前 221 年），社会生产力空前发展，大规模的经济文化交流、军事外交活动和人员物资集散都极大地促进了道路的建设。除周道继续发挥其作为主干道的重要作用外，在周边还出现了纵横交错的陆路干线和支线。再加上水运的发展，在黄河上下、淮河两岸和江汉流域初步形成了水陆并进的交通网。当时在山势险峻之处凿石成孔、插木为梁、上铺木板、旁置栏杆而成的道路被称为栈道，是战国时期道路建设的一大特色。我国是世界上最早修建栈道的国家。有文献记载最早的栈道可追溯到战国时期的秦国（公元前3世纪）。《史记·范雎蔡泽传》记载："栈道千里，通于蜀汉，使天下皆畏秦。"

这个时期修建了许多道路工程，秦国修筑的褒斜栈道就是其中重要的一项。褒斜栈道所处的地理位置为巴蜀之咽喉，历来为兵家必争之地。除了秦国的褒斜栈道，其他主要的道路工程还有：楚国经营的从郢都通往新郑的重要通道，晋国打通的穿越太行山的东西孔道，齐鲁两国建设的四通八达的黄淮交通网络，燕国开辟的直达黄河下游和通往塞外的交通线等。

至此，穿大袖宽袍的中原人、善射箭骑马的戎狄人、居云梦江汉的荆楚人、断发文身的吴越人、喜椎髻歌舞的巴蜀人逐渐连成一体，为中华民族的大融合打下了基础。

📖 小知识

"明修栈道，暗度陈仓"中的"栈道"

"明修栈道，暗度陈仓"比喻用假象迷惑对方以达到某种目的，出自楚汉战争时期韩信从故道（又名陈仓道）奇袭陈仓，从而夺取了关中之地的故事。其中"栈道"是古代交通史上的一个重大发明。

那个时代，人们为了在深山峡谷中通行，便在河水隔绝的悬崖绝壁上使用工具开凿出菱形的孔穴，插上石桩或木桩，上面横铺木板或石板，旁置栏杆以行人和通车，这就是栈道。中国在战国时期已能修建栈道。秦惠文王始建陕西褒城褒谷至郿县（今陕西眉县）斜谷的褒斜栈道，长249公里。秦伐蜀时修筑金牛道，被后世称为南栈道，长247.5公里。

现代公路已经形成路网,但在交通闭塞的山区,仍有类似的栈道,供人畜通行。栈道如今的含义比较广泛,尤其在房地产行业使用较多。如园林里富有情趣的楼梯状的木质道路,即称为木栈道。各类栈道之中,悬空栈道尤其壮观,如今多已成为旅游景点,比如太姥山观海悬空栈道等(图1-1-3)。

图 1-1-3　太姥山观海悬空栈道

四、同时期的外国道路

公元前 25 世纪,埃及人为建筑金字塔与人面狮身像,需要把大量巨石从采石场运到工地,因此修建了道路。同一时期,一些主要城镇的道路采用平光的石板砌成。其中有些道路用砖铺砌,然后涂以灰浆,再铺上石头路面。

公元前 12 世纪,亚述帝国(古代西亚奴隶制国家,位于今伊拉克、伊朗和叙利亚一带)的国王提格拉·帕拉萨一世为便于战车行驶,下令修筑长距离道路。

公元前 6 世纪,波斯帝国(今伊朗)的皇家大道,总长 1600 公里,将原先往返需花费 3 个月的时间缩短至 9 天。这条路的修筑,极大提高了全国通信系统的运行效率。

第二节　公元前 3 世纪至公元 5 世纪

（秦汉三国两晋南北朝时期）

一、秦代

公元前 221 年，中国第一个统一的中央集权王朝——秦王朝（前 221—前 207 年）建立，全国道路交通网开始形成。秦国早在出兵扫灭六国的同时，即推进了车同轨。全国车辆使用同一宽度的轨距，适应了当时工程建设和战争等方面长途运输的需要，也对道路修建方面提出了更高的要求，具有巨大的经济价值和社会价值。

为了实现车同轨，秦朝在把过去错综复杂的交通路线加以整修和连接的基础上，又耗费了庞大的人力和物力，修筑了以驰道为主的全国交通干线。这项费时 10 年的工程，规模十分浩大。它以京师咸阳为中心向四方辐射，连接了全国各郡和重要城市（图 1-2-1）。

小知识

最早的"国道"——秦朝驰道

驰道是中国历史上最早的"国道"，始建于秦朝。秦始皇统一全国后第二年（前 220 年），就下令修筑以咸阳为中心的、通往全国各地的驰道。著名的驰道有 9 条，如出高陵（今陕西西安北部）通往上郡（今陕北）的上郡道，过黄河通往山西的临晋道，出函谷关通往河南、河北、山东的东方道等。从《汉书·贾邹枚路传》中得知，秦驰道在平坦之处，道宽五十步（约合今 69 米），隔三丈（约合今 7 米）栽一棵树，道两旁用金属锥夯筑厚实。驰道中央三丈是皇帝的专用车道，其臣民（甚至皇亲国戚）都无权通行。

考古学家在河南南阳的山区里惊奇地发现有古代的"轨（铁）路"，经过碳 14 测定，系 2200 多年前的秦朝遗迹。轨（铁）路原

辽西郡
(义县)

辽东郡
(辽阳)

云中郡
(托克托)

上谷郡
(怀来)

渔阳郡
(密云)

九原郡
(包头)

雁门郡
(右玉)

广阳郡
(北京)

右北平郡
(蓟县)

代郡
(蔚县)

上郡
(榆林)

恒山郡
(石家庄)

临淄郡
(临淄)

腄县
(烟台)

太原郡
(太原)

沙丘
(广宗)

济北郡
(泰安)

高奴
(延安)

上党郡
(长治)

邯郸郡
(邯郸)

琅琊郡
(胶南)

义渠
(宁县)

河东郡
(夏县)

东郡
(濮阳)

薛郡
(曲阜)

陇西县
(临洮)

汧县
(陇县)

咸阳

栎阳
(临潼)

定陶

彭城
(徐州)

下邳
(睢宁)

冀县
(甘谷)

阳武
(原阳)

陈郡
(淮阳)

陈仓
(宝鸡)

郿县
(眉县)

三川郡
(洛阳)

颍川郡
(禹州)

广陵
(扬州)

会稽郡
(苏州)

汉中郡
(汉中)

南阳郡
(南阳)

九江郡
(寿县)

江乘
(句容)

钱塘
(杭州)

衡山郡
(黄州)

蜀郡
(成都)

南郡
(江陵)

豫章郡
(南昌)

东瓯
(温州)

洞庭
(岳阳)

长沙郡
(长沙)

闽中郡
(福州)

零陵
(全州)

夜郎
(安顺)

湟溪关
(英德)

南野
(南康)

阳山关
(阳山)

味县
(曲靖)

桂林郡
(凌云)

南海郡
(广州)

象郡
(崇左)

图 1-2-1　秦朝主要道路

理和现代铁路无异，而且还是复线，当然车辆不是以蒸汽机车牵引，而是由马拉动。专家们都惊叹，我国2200年以前竟然已经有如此先进的交通设施。现在铁路使用的是轧制的钢轨。秦朝的"轨（铁）路"则是用木材铺设。木材质地坚硬，经过防腐处理，至今尚保存完好。不过枕木已经腐朽不堪，显然没有采取防腐措施，材质也不如轨道坚硬，但还可以看出其大致模样。路基夯筑得非常结实，枕木铺设在上面。专家认为枕木的材质比较软，不仅是为了减少工程量，广泛地开辟木材来源，而且还因为比较软的枕木可以和夯筑得非常坚硬的路基密切结合，使轨道稳固，车子可以在上面快速平稳地行驶。由于使用轨道，负荷大大减小，所以马也可以一次拉很多货物。所以秦始皇可以不用分封就能有效地管理庞大的帝国，并且经常可以开展动辄几十万人的大规模行动。

前212—前210年，在驰道的基础上，秦始皇下令修筑一条长约800公里的直道（图1-2-2）。大将蒙恬和皇子扶苏率领大军，一边驻守边关，一边修筑直道。这条大道沿途经过陕西、甘肃等省，穿过14个县，直至九原郡（今内蒙古包头）。以原有道路为基础、驰道为骨架、直道为补充的国家道路网在秦朝形成了。秦直道的修筑质量很高，路面宽广，坡度不大，千百年来周边没有生长大型植物，从修建以来，一直沿用到清朝才逐渐废弃。

图1-2-2　位于陕西富县的秦直道遗址

二、汉代

汉朝（前202—220年）在秦朝的基础上，进一步修整充实了中原地区的陆路交通网络。西汉首都长安城（今陕西西安）大体上继承了秦咸阳地区交通网络体系，并稍加改良。道路有三股车轨，中间的"御道"为皇帝专用。出城以后的道路与驿道相连，通达四方。

将国家干线道路称为"驿道"始于汉朝。驿道最早用于军事通信和行政文书的传递，即传达军情，宣布政令。那时，邻近城市的驿道许多已经铺上石料。道路修建技术日趋成熟，不仅桥梁众多，甚至已经开凿隧道。在陕西到四川的栈道上就有一个"石门"，宽4.1米，高3.6米，长达15.7米，与栈道桥相连，可以通行马车（图1-2-3）。这应该是世界上最早的人工隧道。

图1-2-3　汉代修建的"石门"隧道

汉武帝派张骞出使西域，开辟了以都城长安为起点，经今甘肃、新疆，过中亚、西亚诸国，达地中海的道路，被认为是联结亚欧大陆的古代东西方文明的交汇之路（图1-2-4）。而丝绸是这一时期贸易中最具代表性的货物。1877年，德国地理学家李希霍芬在其著作《中国》一书中，把公元前114—公元127年，中国与中亚以及印度之间以丝绸贸易为媒介的交通道路命名为"丝绸之路"。这一名词很快被学术界和大众所接受，并得以广泛运用。如今我国借用古代丝绸之路的历史符号，提出

"一带一路"倡议，积极发展与共建"一带一路"国家的经济合作伙伴关系，共同打造政治互信、经济融合、文化包容的利益共同体、命运共同体和责任共同体。

图 1-2-4　古代丝绸之路路线示意图

小知识

古代陆路交通工具

古代道路的发展离不开陆路交通工具，主要包括牛车、马车、驴车和轿子等。

牛车的发展经历了诸多波折。牛最早于春秋时期开始被作为畜力使用，不过当时贵族阶层并不喜爱乘坐牛车。西汉初年，由于多年战乱造成马匹稀少，相传汉高祖刘邦都找不到四匹颜色一样的马拉车，所以贵族阶层也只能乘坐牛车出行。牛车真正在贵族阶层盛行，要到魏晋南北朝时期。由于南北分裂、战争不断，士大夫崇尚玄学清谈。这种社会风气导致了贵族阶层认为骑马与乘坐马车不符合魏晋风流的浪漫气质。而牛车行走缓慢稳当，正符合了当时士人们追求的风尚（图 1-2-5）。

与牛车不同，乘坐马车在

图 1-2-5　北齐陶牛车

春秋时期就已经成为统治阶层的标志，例如皇帝出行就要求使用六匹马拉的两轮马车，即"天子驾六"。在秦代，马车已成为统治阶层的标配，秦始皇陵兵马俑就曾经出土秦铜车马。汉代经历了文景之治，马车得到普及，车辆技术也发生重大变革。汉朝以前的马车是单辕车，至少需要两匹马，并不适合没有良马原产地的中原地区。西汉出现了双辕车，使单马拉车成为可能。这项改进对于马匹比较短，以农耕为主的古代中国意义重大，影响了其后两千年的马车发展，至西汉中晚期双辕车逐渐普及。在魏晋南北朝时期出现了另一项重大的交通技术发明——马镫，能使人在马上坐得更稳，也能让士兵在马上做出更多更复杂的动作。马镫的出现，极大地促进了马车的使用，也让更多的普通人学会骑马。唐代武功强盛，十分重视马匹，无论统治阶层还是普通百姓，都乐于骑马或乘坐马车（图1-2-6）。

图1-2-6　秦铜车马1号（左，单辕车）与东汉铜马车（右，双辕车）

驴车虽然不及马车高贵，但是在古代对于普通百姓最为适用。因为驴的价格相对较低，而且饲料成本比较便宜。

除了牛车、马车和驴车之外，轿子也是古代非常有代表性的交通工具。据考证，轿子应当产生于夏朝初期[1]。南北朝时期，人力抬的轿子被称为"肩舆"或"板舆"。肩舆最初由两根长竿中间设一张椅子组成，周围并无覆盖，唐代开始在椅子上下及四周增加覆盖遮蔽物，从而形成轿厢。晚唐时期出现了轿帘等装饰和辅

---

[1]《尚书·益稷》中记载大禹自述其治水经过时，曾提及"山行乘樏"，这被认为是古代轿子的雏形。

助物品，使乘坐更加舒适。这个时期的轿子除了供帝王乘坐之外，仅为妇女和老弱病残的官员享用。宋朝马匹较为稀缺，轿子开始流行普及。明清时期，轿子已成为一种比较普遍的代步工具。

东汉时期，王朝的都城迁至洛阳，全国道路交通网络中心也随之东迁，原路网中各条道路的重要性也相应发生了变化。东汉王朝延续近200年，最后在军阀混战中灭亡，中国也结束了自秦王朝以来440多年的统一局面。分裂导致了疆域割裂，之前统一的道路系统因此瓦解。

小知识

秦汉时期的道路交通规则

（1）交通分离

秦汉时期在京城内外建造道路复道及专用道路（甬道、驰道），使皇帝和达官贵人与社会其他车辆分离行驶，既为区别贵贱等级，也为减少平民的避让时间。

（2）来往分流

西汉长安城四面十二城门，每个城门各有三条道路。这种"一门三道"的设计，正是为了推行单向交通。旁侧两道，一往一来，实现交通分流。东汉洛阳沿用了这一设计，还在三道之间筑有高四尺的土墙，起到了隔离的作用。

（3）按速度划分车道

秦汉的驰道（驿道）是区别于一般道路的"高速"道路，中央三丈为皇帝专用车道。这除了显示皇帝的尊贵特权外，也有按不同车速划分车道的意义。因为皇帝御驾特别坚固又轻便，御马肥大壮实，且一车系有四马或六马，行驶速度自然会远远超过一般车辆。

（4）警跸制度

警跸制度是指皇帝出行时，沿途布置侍卫警戒的制度。其中，出为警，入为跸。警跸制度主要是为了保证皇帝优先使用交通设施，除了彰显帝王的特权和威严之外，也为确保皇帝的出行安全。此外，高官显贵出行，也有前导后卫、左右护持、使卑避尊等制度。

（5）交通违章处理

古人的行为举止，都受到礼法制度的规范。某些失礼违制的行为，也就是古代的交通违章行为，会受到相应的处罚。

（6）严禁夜行

秦汉都市甚至郊区，都有禁止夜行的制度。

（7）定时整修

古代对道路除了经常性的护理和随时因事的整修外，还有依据季节大修的优良养护传统。

（8）道旁种树

人与自然和谐相处的理念，在我国古代路边种树的规范中体现得淋漓尽致。这既是我国优秀的文化传统，也是中国工匠的筑路智慧。贾山《至言》提及秦驰道两侧都"树以青松"。实际上，当时用作行道树的不仅有松树，还有柏树、梓树、桐树、槐树等。

（9）道路里程标志——堠的使用

道路里程标志是适应道路发展和行人需要而出现的。中国古代的道路里程标志被称为"堠"（读作 hòu），所谓五里单堠、十里双堠。"堠"在路旁，因而常常成为诗人记录离别的象征物。韩愈《路傍堠》："堆堆路傍堠，一双复一只。迎我出秦关，送我入楚泽。"这些旅途中常见的"堆堆路傍堠"（图 1-2-7），寄托了古代行旅诗人无尽的忧思和惆怅。

图 1-2-7　位于山西榆次乌金山镇西庄村的"堠"

三、三国两晋南北朝时期

三国两晋南北朝时期（220—589年）的陆路交通干线大部分开辟于秦汉。近400年的分裂割据，使交通发展受到了一定程度的影响，表现为全国性的交通线建设趋于停滞，而以各个割据政权都城为中心的区域交通得到了发展。

三国时期（220—280年），魏蜀吴为了政治、军事和经济活动的需要，进行了艰苦的道路恢复与重建工作，并在各自的统治区内开拓了一些新的道路。在陆路交通方面，曹魏的努力最大、成果最为突出。有文献记载，曹魏的道路已经西通西域（今新疆），北达乌桓（今大兴安岭山脉南端），南行交趾（今越南北部），东畅东海（今烟台以东的黄海）。两晋（265—420年）南北朝（420—589年）时期出现了大大小小几十个割据政权。因为各个政权间的战争频繁，使得人们在交通出行方面愈发困难。这是中国历史上城市遭破坏最严重的时期之一。两汉时期兴建的黄河流域的城市，都遭到不同程度的破坏甚至是毁灭。但同时也是建设城市最多的时期之一。因为城市依然是冷兵器年代最有效的防御工事，许多侧重于防御功能的新城市纷纷出现。相比于黄河流域，两晋时期江南地区遭破坏较少较低，因而城市的数量和发展程度都远超前代，在政治功能和经济文化功能方面，都显得更加突出。

三国两晋南北朝时期的道路有驰道、官道、州道、县道、乡道之分。各地方政权为了巩固自己的统治、保持军队的调动顺畅和军需品的运输畅通，在所属区域内致力于发展交通：西南地区形成了以成都为中心的交通线，北方地区的交通中心有长安、洛阳、平城（今山西大同）、邺城（今河北临漳）等，东南地区以建康（今江苏南京）为交通中心。

难于上青天的蜀道

蜀道是古代由长安通往蜀地的道路，穿越秦岭和大巴山，山高谷深，道路崎岖，难以通行。战国秦汉时期是蜀道的开辟时期，如故道、褒斜道、金牛道、子午道等，都在这一时期得到开凿与维护。

蜀道中最为险峻的要数剑门蜀道。这条道路兴起于三国时期诸葛亮兵出祁山北伐中原。为加快行军速度，逢山开道，遇险架桥。遇到烈日暴晒，便在道路两旁栽植十余万株柏树，后形成翠云长廊而名震天下。诸葛亮发现剑门关处地形险要，便在原通道上将地基筑高，加大通行难度，并在狭窄的通道上筑关，形成一夫当关、万夫莫开的军事要塞，这就是剑门关（图 1-2-8）。

图 1-2-8　蜀道上的剑门关

关于剑门关最著名的故事，要数三国后期姜维退守蜀北屏障——剑门关。姜维以自己的无限忠诚挽救大厦将倾的蜀汉政权。因为剑门关十分险要，魏国大将邓艾只得施奇计绕开剑门关，亲率士兵从摩天岭滚毡毯而下偷渡阴平，直插绵竹，兵临锦官城下。蜀汉后主刘禅慌乱投降，拉开了三国归一的序幕。

诗仙李白曾在剑门关写下其代表作《蜀道难》，具言蜀道之艰难，留下了"危乎高哉！蜀道之难，难于上青天！""剑阁峥嵘而崔嵬，一夫当关，万夫莫开"的千古名句。

四、同时期的外国道路

在罗马共和国和罗马帝国时代（前509—395年），欧洲道路系统快速发展，建成了以罗马为中心、四通八达的道路网。该路网将罗马和欧洲其他地区、小亚细亚部分地区、中东以及非洲北部连接成一个整体。为尽量缩短村镇之间的陆路通行距离，道路会直穿山岗或森林。据记载，当时建成了322条联络干道，总长度达7.8万公里。当时的道路工程结构也具有颇高水准。时至今日，许多公路工程技术仍然沿袭自罗马人。

小知识

"条条大路通罗马"

罗马帝国时期，在道路上每走一罗马里（合1.48公里），就会看见一块里程碑。留存至今的这种里程碑约有8000块。这些遍布帝国全境的里程碑，除了提供交通的里程数字外，还成为深入民间展示帝国权力的一种媒介。值得注意的是，里程碑上皇帝名字的书写方式，在不同时期也有所变化。早期皇帝的名字作为工程建造者而书写，到了晚期则经常是当地人将该里程碑作为礼物奉献给皇帝。

罗马人无论走在帝国的哪条道路上，只要看见里程碑，就会提示他们皇帝和帝国的存在。因此他们坚信，无论走在哪条路上，都会通到帝国的都城罗马，正所谓"条条大路通罗马"。

第三节　公元5世纪至14世纪
（隋唐宋元时期）

一、隋代

581年，隋文帝杨坚建立了新王朝——隋朝，并于589年完成全国统一。隋文帝的继任者隋炀帝杨广改变了隋王朝的命运，也改变了中国的经济和交通格局。杨广重修了用于抵御北方突厥汗国袭扰的新长城，开通了一条贯通中原和江南粮仓的大运河，修葺了大兴（即长安）、洛阳两座比汉朝更加恢宏的都城，恢复了全国支离破碎的路网系统，完善了隋文帝杨坚设立的科举制度。隋炀帝在短期内推进这些浩大的基础工程建设，劳民伤财，以致民怨沸腾、烽烟四起，直接导致了隋朝的覆灭。但他规划修筑的交通系统却造福了后来的唐朝，以及生活在这片土地上的历代民众，可谓"祸在当代，功在千秋"。

小知识

古代桥梁的发展简史

桥梁的历史可以追溯到人类诞生之时，与人类共同发展。一部桥梁的历史就是人类生产活动的历史。在人造桥梁之前，自然界由于地壳运动或其他自然现象的影响，形成了不少天然的桥梁，如浙江天台山横跨瀑布上的石梁桥，江西贵溪因自然侵蚀而成的石拱桥（仙人桥），小河边因自然倒下的树干而形成的"独木桥"，以及两岸藤萝纠结在一起而构成的天生"悬索桥"等。人类从这些天然桥中得到启示，便在生存过程中不断仿效。一开始大概是利用一根木料在小河上，或氏族聚落周围的壕沟上搭起一些独木桥（称为"梁"），或在窄而浅的溪流中用石块垫起一个又一个高出水面的石磴（读作dēng），构成一种简陋的"跳墩子"石梁桥。

这些"独木桥""跳墩子桥"便是人类修建的最原始的桥梁。之后随着社会生产力的发展，不断由低级向高级演进，人们逐渐建造出各种各样的跨空桥梁。

中国桥梁历史悠久，大致经历了四个发展阶段。

第一阶段以西周、春秋为主，包括此前的上古时期，是古代桥梁的创始时期。此时的桥梁除了原始的独木桥和汀步桥（踏步桥）外，主要有梁桥和浮桥两种形式。相传在3000多年前，周文王为了娶亲，搭建了渭水浮桥。此时桥梁主要是将较为粗大的木头做成木墩，在水中逐一夯实，并在其上铺设木板。但由于木头长期在水中浸泡后会开裂，所以这种桥梁很难保养。

第二阶段以秦汉为主，包括战国和三国时期，是古代桥梁的创建发展时期。这一时期创造了以砖石为主的拱券结构，从而为后来拱桥的出现创造了条件。沙河古桥（图1-3-1）就是秦咸阳城、汉长安城通往上林苑和西入巴蜀跨渡沣水的桥梁，也是国内发现的最早的大型木构桥梁。

第三阶段是以唐宋为主，两晋南北朝和隋、五代为辅的时期，是古代桥梁发展的鼎盛时期。这一时期的中国桥梁在世界桥梁史上享有盛誉，尤其是隋代建造的赵州桥（图1-3-2）。赵州桥是世界上现存年代久远、跨径最大、保存最完整的单孔坦弧敞肩石拱桥，其建造工艺独具特色。赵州桥在世界桥梁史上首创"敞肩拱"的结构形式，即两个拱肩部分各建两个对称的小拱，伏在主拱的肩上。这种巧妙的设计增加了排水面积，减轻了桥梁自重。另外，桥体饰纹雕刻精细，雕作刀法苍劲有力，具有较高的艺术价值。赵州桥在中国造桥史上占有重要地位，对后代桥梁建筑有着深远的影响。

图1-3-1　沙河古桥遗址

图1-3-2　河北省赵县的赵州桥

除了赵州桥外，这一时期著名的桥梁还有广济桥、洛阳桥和卢沟桥。

位于广东省潮州市的广济桥，始建于南宋乾道七年（1171年），明嘉靖九年（1530年）形成"十八梭船廿四洲"的格局（图1-3-3）。该桥为浮梁结合结构，由东西两段石梁桥和中间一段浮桥组合而成，梁桥由桥墩、石梁和桥亭三部分组成，被桥梁专家茅以升誉为"世界上最早的启闭式桥梁"。

图1-3-3　广东省潮州的广济桥

位于福建省泉州市的洛阳桥，于北宋嘉祐四年（1059年）建成，位于洛阳江水道之上，也是著名的跨海梁式大石桥，被誉为"海内第一桥"（图1-3-4）。因建桥处海潮汹涌，江宽流急，施工非常艰巨，采用了一种新型建桥方法，即在江底沿着桥的中线铺满大石头，筑起一条20多米宽、1公里长的水下长堤，然后在石堤上用条石横直垒砌桥墩，成为现代桥梁工程中"筏形基础"的先驱。直到19世纪，欧洲人才开始采用这种技术。为了使桥墩更为牢固，洛阳桥巧妙地利用了牡蛎繁殖"砺房"的方法来连接胶固石块。这种用生物加固桥梁的方法，古今中外绝无仅有。洛阳桥的修建成功轰动一时，也引起了当地的造桥热潮，先后建造了十大石桥，其中建在晋江上的安平桥（图1-3-4），规模更是宏伟。安平桥是中古时代最长的梁式石桥，也是中国现存最为古老的海港大石桥，是古代桥梁建筑的杰作，享有"天下无桥长此桥"之誉。

a)   b)

图 1-3-4　福建省泉州的洛阳桥和安平桥

位于北京市的卢沟桥，始建于金大定二十九年（1189 年），横跨永定河，是北京最古老的石造多孔联拱桥（图 1-3-5）。该桥采用两边桥孔小、依次向中央逐渐增大的韵律设计建筑法，形成了优美的桥形。卢沟桥的半圆拱券采用纵联式实腹砌筑法，使 11 个拱券连成一体。拱券石块之间使用金属构件联结加固，桥墩内部也都用铁质构件上下拉联，桥脚以铁柱穿石，使其历时千年依然坚固。

图 1-3-5　北京市的卢沟桥

第四阶段为元、明、清三朝，是古代桥梁发展的总结期。这一阶段的主要成就是对一些古桥进行了修缮和改造，并留下了许多修建桥梁的施工说明文献，为后人提供了大量珍贵的文字资料。

二、唐代

唐朝（618—907 年）继承了隋朝的疆土、大运河、运河御道、长安城以及全部道路网络。初期的休养生息阶段，唐王朝利用了原有的交通基础设施，尤其是大运河和运河御道，促成了江南的富庶，也促进了唐朝的经济增长。这些路网也推动了中国古代道路中心的东移。

唐朝是我国古代道路发展的极盛时期。当时，京城长安不仅有水路运河与东部地区相通，而且是国内外陆路交通的枢纽，成为当时世界上最大的都市之一。出了长安城，四通八达的陆路交通网络通向全国各地（图1-3-6）。交通网上的许多城市也相继成为国内外交通的重要中心。

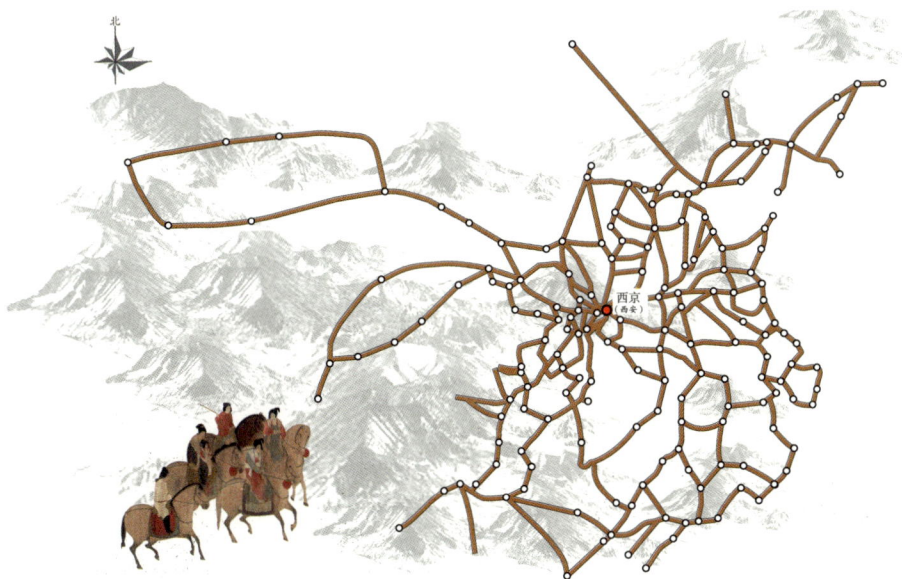

图 1-3-6　唐朝主要道路

隋唐时期，驿传制度进一步发展，职责不断增加，既负责国家公文书信和紧急军事情报的传递，还兼管接送官员、维持治安、追捕罪犯、救助灾区和押送犯人等各种事务。唐代的驿道、驿站遍布全国。据唐玄宗时期的《唐六典》记载，全国共有水驿260个、陆驿1297个，从事邮驿工作者2万多人，其中驿夫1.7万人，甚至超过了中华民国时期从事邮驿工作的人数。

唐朝的城市道路建设成就突出。道路两侧有排水沟和行道树，布置井然，气度宏伟。唐长安城内有11条南北大街、14条东西大街，把全城划分为 100 多个整齐的坊市。皇城中间的南北大街称为承天门大街，宽 441 米，视野开阔。连接 12 座城门的有 6 条大街，其中的朱雀大街是盛唐时期长安城一条贯穿南北的交通要道。唐朝的城市道路建设不但为中国后来的城市道路建设树立了榜样，而且影响远及日本等国。

小知识

唐代长安城的道路系统

长安城在交通布局上呈现出网格状的特点，道路呈十字状交叉，除了正对宫城的坊区只有东西向道路，其他坊市区都建有南北和东西两条道路（图 1-3-7）。这样的道路布局，有利于增加交通方向的选择，减少交通拥堵。同时，也有利于政府快速处理城区出现的各种突发情况，如火灾和叛乱等。而这样的划分专门针对日常的城市管理，有利于提高行政效率，实现区域分明。

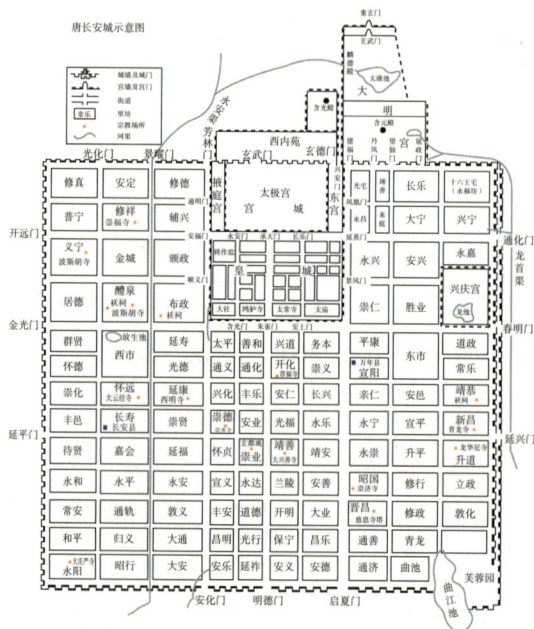

图 1-3-7　唐代长安城的路网格局

就目前发现的遗址来看，主要街道的宽度一般都在15米以上。这些街道也是把整个长安城划为诸多坊区的分界线。从道路系统上看，长安城的交通非常发达。大街旁会种上树荫面积大的槐树，适合避阳遮阴，深受当时人们的喜爱。

在唐朝，道路对国家的作用已经从维持有效统治、快速调动军队的政治军事目的，转变为以国内外经济、文化交流为主要目的。由于农业、手工业，尤其是商业的发展，唐王朝的实力远远超过了秦汉，抵御自然灾害的能力和战后经济复苏的速度也明显超过以往。唐王朝后期出现了藩镇割据局面，继而进入中国历史上又一个动荡混乱时期——五代十国（907—979年）。这一时期，战争频发，对道路交通甚至部分地区社会经济造成负面影响。由于关中经济崩溃，五代政权大多定都于隋唐大运河的枢纽开封。北方经济比较落后，而南方则较为安定，发展出若干个以大城市为中心的经济区域。南方地区的道路交通因而得到相对快速的发展，特别在扬州、金陵、杭州等商业繁华的南方城市，城市道路体系在唐代基础上进一步完善。

📖 小知识

茶 马 古 道

唐代以来，为顺应当地人民需求，在西南地区开始了以内地之茶与吐蕃之马为主要商品的交易。伴随这一贸易而开通的商道，被称为"茶马古道"（图1-3-8）。茶马古道的主要干线有南、北两条，即滇藏道和川藏道，辅以众多的支线、附线，构成了一个庞大的交通网络。茶马古道地跨川、滇、青、藏，外延至南亚、西亚、中亚和东南亚。唐朝茶马古道"以茶易马"，宋元则"茶马互市"，到明清时发展为茶、盐、药材、布匹、日用器皿等物资相互贸易。抗战期间，当沿海地区沦陷和滇缅公路被截断之后，茶马古道成为中国唯一的陆路国际通道，发挥了重要的战略和经济作用。

茶马古道的存在推动了各民族经济文化的发展，加强了民族间的团结。茶马古道是中国统一的历史见证，也是民族团结的象征。

图 1-3-8　茶马古道路线

三、宋代

960 年，后周大将赵匡胤黄袍加身，建立宋朝（960—1279 年）。979 年，宋朝灭北汉，结束五代十国的割据局面。然而，宋朝并没有恢复唐王朝幅员辽阔的疆土，长城以北的契丹人早在 907 年建立辽国，并且不断向中原蚕食。因此，宋朝的统一缺少了秦、汉、隋、唐的底气，疆域也仅限于中原、川陕、江南、岭南等地。但是，军事上的虚弱并没有妨碍宋朝成为中国古代历史上经济、文化和技术最繁荣的时代之一，这和隋唐时期道路交通功能的转变和经济中心的东移有着非常重要的关系。得益于南北道路交通的发展，宋朝的交通中心东移，权力中心更接近富庶的江南，经济快速发展。中国"四大发明"中的火药、指南针和活字印刷术，都产生于宋朝。

宋朝的道路建设进入一个新的发展阶段。特别是城市道路建设与交通管理方面，宋代与隋唐时期有着明显的区别。这一时期的城市建设，实现了街和市的有机结合。城内大道两旁第一次成为百业汇聚之区。

《清明上河图》中的交通

《清明上河图》是中国十大传世名画之一，为北宋画家张择端仅见的存世精品。《清明上河图》描绘了北宋时期都城东京（又称汴梁、汴京，今河南开封）的状况，尤其汴河两岸的自然风光和繁荣街道景象，如：繁华热闹的汴京街市，鳞次栉比的酒肆商铺，远来的骆驼队、驴车、牛车，汴河上千帆竞发的船只……

打开《清明上河图》的首端，是郊外部分（图1-3-9）。小溪旁的乡间大路上，走来的是一支驴队，五头驴驮着行囊，正向汴京城走来。前面一人牵驴引路走向拐弯处的小桥，后面一人扬鞭驱赶。据统计，全画大约画有50头驴，可见驴是北宋时期最为常见的交通运输工具。

图1-3-9 《清明上河图》（郊外的道路）

《清河上明图》街市部分以高大的城楼为中心，两边的屋宇鳞次栉比，有茶坊、酒肆、脚店、肉铺、庙宇、公廨等（图1-3-10）。街市行人摩肩接踵，川流不息。交通运载工具有轿子、骆驼、牛车、人力车，形形色色，样式俱全，把一派商业都市的繁华景象鲜活生动地展现于人们眼前。

在这幅长达5米多的风俗画长卷中，汴河风光占了画面五分之二的篇幅（图1-3-11）。汴河是黄河水系的组成部分，隋代大运河中的通济渠即由汴河故道改造而成。大运河开通之后，汴河成为联系中原和江南的大动脉。《宋史·河渠志》指出汴河的重要作用："半天下之财赋，并山泽之百货，悉由此路而进。"全国各地的"财赋""百货"源源不断地运抵汴京，保障了都城的物资供应。

图 1-3-10 《清明上河图》（城市的道路）

图 1-3-11 《清明上河图》（汴河和桥梁）

北宋时期（960—1127 年）的道路基本沿袭了唐朝的规制。以都城东京为中心，北宋朝廷修建了各路、府、州、县通往都城的"官道"，并向四周扩展。陆路交通连接西京（河南府，今河南洛阳）、南京（应天府，今河南商丘）、北京（大名府，今河北大名东北），线路呈网状延伸，形成密密麻麻的道路交通网络。这些官道大大加强了各地的联系与交流，成为支撑经济繁荣的基础。北宋政府也十分重视官道的维修工作，在官道两旁栽种榆、柳、松、杉、杂木，很多路段还开挖了排水沟。北宋沿袭唐后期的驿传制度，递铺与馆驿并存，并正式确定驿递分立之制。递铺主要负责文书传递，常制为每十八里或二十里一铺；馆驿主要负责官员接待，间距由唐代的三十里演变为六十里，即一个日程的距离。但馆驿与递铺在功能上仍有关联，即馆驿一般没有马匹，官员出行若需乘马，须到递铺里面申领。馆驿虽不负责文书传递，但内部张贴的邸报，登载官员任免等朝廷重要信息，客观上起到了促进信息传播的作用。

📝 **小知识**

中国最早的报纸产生于驿站

宋代是中国古代各项社会事业发展较为快速的时代。经济、文化的繁盛，生活节奏的加快，士大夫和城市富裕人群的壮大，使人们对信息获取有了进一步渴求。随着陆路交通和驿传制度的完善，官方邸报和民间小报迎来了繁荣时期。

驿传制度源于商朝，并于后世不断完善。邸报依托驿传制度，在唐代开始出现，在宋朝实现完善，最终于清王朝覆灭后宣告终结。邸报刊载的主要内容是皇帝谕旨、大臣奏章、官吏奖惩、军事战报等，具有新闻属性。邸报是中国古代王朝传播资讯的主要手段，性质上与近代的报纸相似，使当时士大夫们的参政积极性提高，议政能力加强。邸报上关于官员升迁和贬谪的消息，是当时政坛的风向标。由于宋朝政府对邸报有着严格的审核制度，造成邸报远远无法满足民间社会对于相关信息的需求，于是民间小报应运而生。小报内容往往是邸报不便刊登的宫廷传闻、名人八卦等，深受大众欢迎。因此小报在民间社会普遍流行，丰富了宋代民众的业余生活。

在宋代，中原王朝已无法控制西域地区，加之西夏政权在西北地区的兴起，导致陆上丝绸之路再度中断，对外贸易开始转道海路。海外贸易的发展带动了宋代整体交通格局的变化，道路中心向东南移动。沿海地区的重要港口与京城及内陆各地联系加强，如杭州、福州、泉州、广州这些知名港口城市的交通十分便捷。对外交通方面，特别是与南亚诸国的交通，也出现由陆路转向海路发展的趋势。宋代西南地区的道路虽然可以通往蒲甘、天竺和交趾等国，但双方利用道路来往的次数并不多。由于宋代东南地区的海上交通取得了空前的发展，成为中国对外交往的主要渠道，因此中国与亚非诸国的贸易多走海路。

到了南宋时期（1127—1279 年），南宋与女真人建立的金国形成南北对峙的局面，造成经济中心割裂，无法形成全国统一的道路网络和商业流通网络。此时道路建设处于相对停滞状态。13 世纪，在金国背后的匈奴故地，崛起了一个强大的蒙古帝国。成吉思汗统一了星散于瀚海沙漠中的蒙古部落，骁勇的蒙古骑兵马踏八方，几乎征服了整个欧亚大陆。南宋急于一雪靖康之耻（靖康二年，即 1127 年，宋徽宗赵佶、宋钦宗赵桓父子被金国俘虏，押往东北，北宋遂亡），选择与蒙古帝国结盟。不过，在金国灭亡 45 年后，南宋王朝也被从蒙古帝国析出的元朝彻底消灭。至此，元朝再次实现了全国的统一。

四、元代

元朝（1271—1368 年）疆域辽阔，配合道路的驿站系统空前发达。为了统治南方辽阔的土地，元朝将都城移至大都（今北京），修建了以大都为中心、以重要城市为区域中心的全国道路网（图 1-3-12）。元朝还重新开启了丝绸之路。此时的丝绸之路成为一条沟通东西的干线。马可·波罗在 13 世纪能顺利地游历中国，也仰赖元朝丝绸之路的通达、便捷和安全。

图 1-3-12　元朝主要道路

小知识

元朝的驿站体系

元朝灭宋之后，驿站制度推广到了南宋故地，全国性的交通网络正式形成。根据统计，元朝时期全国的驿站总数超过了 1500 个（图 1-3-13），分布于长城以南、蒙古高原、黑龙江流域、青藏高原、西域等地。如东北地区，北到奴儿干城（黑龙江入海口），南到高丽开城，设置了 135 个驿站，有马匹 6500 多匹，驿车 2600 多辆，驿牛 5259 头，驿狗 3000 只。元朝陆地有陆站、河边有水站、海边有海站，在黑龙江一带严寒地区还有以狗拉车为交通工具的"狗站"。正如《元史·地理志》所言："元有天下，薄海内外，人迹所及，皆置驿传，使驿往来，如行国中。"

图 1-3-13　始建于元朝的鸡鸣驿

五、同时期的外国道路

"中世纪"一般指欧洲从 5 世纪后期到 15 世纪中期的历史阶段。这一时期的欧洲，各地封建割据，战争频繁，造成科技和生产力发展停滞。传统上认为，这是欧洲文明发展比较缓慢的时期。

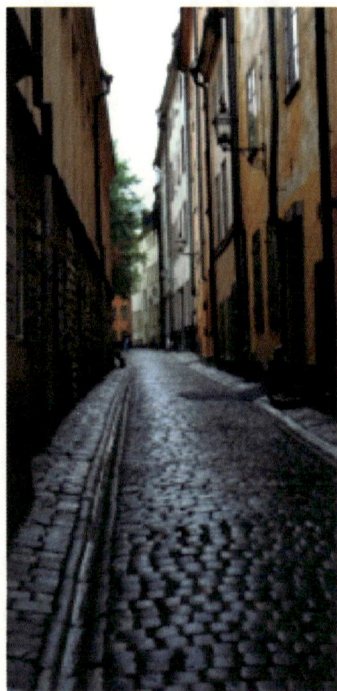

随着 476 年西罗马帝国灭亡，道路的发展也放缓了速度。这一时期，大多数贵族领主仅仅关心自己领地内部的事情，而封建领地内只需要马拉小车能通过的道路，因此不再修建新的大道。上千年的时间里，除了生意人，欧洲从贵族到农民，很少有人想过改变糟糕的交通状况。

罗马的衰落与蛮族的入侵使得罗马大道走向衰落。最后一次对罗马大道的维修在 469 年。但这并不代表罗马大道就此退出了历史舞台，它依然发挥着巨大的作用。比如在法兰克王国的墨洛温王朝（481—751 年）时期，王国的居民依旧在使用旧时的罗马大道，一些战争也发生在大道旁

图 1-3-14　中世纪时期欧洲的
　　　　　　石头道路

边的荒野上。随着时间的推移，大部分的罗马大道最终在 10 世纪和 11 世纪相继被废弃。

在这一时期，各国修建的一些新道路（图 1-3-14）。与罗马大道不同，这些新道路的作用并不是连接政治中心，而是连接各个居民点。对于此时的欧洲人来说，交通目的地往往是教堂、城堡或者市场。

第四节 公元 14 世纪至 19 世纪（明清时期）

一、明代

1368 年，明太祖朱元璋建立了明朝（1368—1644 年），定都应天（今江苏南京）。明成祖朱棣于 1421 年迁都顺天（今北京）。明王朝的疆域虽然小于汉唐，但超过了北宋。

明朝重视陆路和内河水路交通。朱元璋是中国历史上最重视修路的皇帝之一，称帝后不久就下令整顿和恢复全国的驿站，将南京公馆改为"会同馆"，在全国各地设立水马驿站、递运所（相当于邮局）、急递铺（相当于快递站）。朱元璋每攻占一个地方，便要求军队迅速修建道路和驿站。明朝对驿路的修建从洪武时期开始，经过永乐、宣德等朝的发展和完善，到明朝中期在全国范围内形成了一个以两京（北京、南京）为中心向四周辐射的庞大驿路网络，大多数布政使司（相当于省级行政单位）内部的驿路交通也非常发达。西南、西北、北方、东北等边疆地区的驿路交通也有了较大发展。畅达的驿路交通在很大程度上促进了明代社会经济的发展，甚至在明朝中后期出现了商品经济空前繁荣的局面。

小知识

明朝的路政管理

明朝政府不仅十分重视驿路的修建工作，为了对驿路进行有效的管理，还设立了专门的路政管理部门。明代管理道路、桥梁的中央机构为工部都水清吏司，是明代工部所属四司之一。其职掌范围较广，具体到路政管理方面，就是总掌全国的道路、桥梁的修治工作，既要负责修建新路，又要随时检查道路、桥梁的状况。如发现损毁，必须立即修理。遇到重大庆典，更要做好道路修治工作。

在地方上，路政管理工作由知府、知县总领稽核，并设专官管理。为了保证主管官吏切实执行相关规定，明朝政府还制定了相应的惩罚措施。《大明会典》记载，地方上的桥梁道路，由"府州县佐贰官提调，于农隙之时，常加点视修理，务要坚完平坦。若损坏、失于修理，阻碍经行者"，提调的官吏要受到"笞三十"的刑罚。而在有河流、津渡之处，"应造桥梁而不造，应置渡船而不置者"，则要被"笞四十"。

二、清代

1644 年，李自成攻陷北京，明朝灭亡。清军入关，定都北京，逐渐建立了对全中国的统治。清王朝（1636—1912 年）成为中国历史上最后一个大一统的专制王朝。

自元朝以来，中国的道路系统已经相对完善。元朝的疆土在明朝虽然大为缩小，但原有的道路还是得到了相当程度的保留。明朝建立的以北京、南京为中心的道路网络，成为清朝连接全国的纽带。清朝把道路分为三等：一是"官马大路"，简称"官道"（不再沿用"驿道"的称谓），由北京向各方辐射，主要通往各省城；二是大路，自省城通往地方重要城市；三是小路，即由大路或各地重要城市通往各市镇的支线。清朝还将官马大道修到东北、北部和西北边疆，这对于保持多民族国家的统一具有重大意义（图1-4-1）。

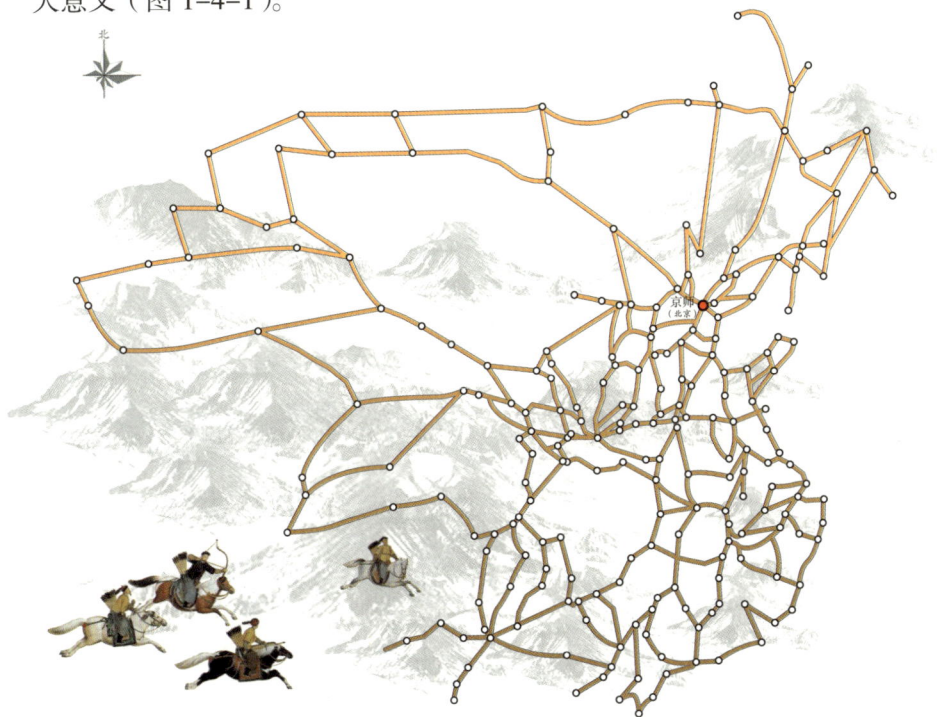

图 1-4-1　清朝主要道路

📖 **小知识**

清代道路的突破

　　清代的道路发展取得了一些突破。

　　（1）川陕大驿道上的木质栈道，已基本上为土石路面的碥（读作 biǎn，山崖险峻地方的登山石级）道所代替。经过明末清初数十年的战乱，川陕地方残破，栈道损坏，交通大受影响。1664 年，陕西巡抚贾汉复首先大力整修陕西宝鸡和襄城之间被称为北栈或连云栈的 600 里驿道，基本上废除了傍崖临水的木质栈道，代之以被称为碥道的随山坡上下的土石坡道。

（2）石砌硬质路面有扩展。在南方雨水较多地区，南宋时期已有石铺路面。到了清朝，北方的石砌硬质路面也有显著发展。以北京为例，内城九门附近，正阳门大街至天桥和永定门外，广宁门（即广安门）至西小井村，西直门至高梁桥、畅春园，米禄仓至朝阳门，朝阳门至通州等处都已铺设了石道。

（3）根据车辆轻重分道的交通管理制度出现。前已提及，秦汉时期京城内已出现根据车辆实行交通分流的管理制度，但当时主要是以贵贱尊卑的等级制度为标准，即皇帝贵族的高车驷马行中道，黎民百姓行旁道。但清代的按车分道制度，贵贱尊卑的等级色彩已经大为减少。

（4）保固维修制度的推行。对于包括桥梁、道路在内的建筑工程，清代已经实行保固制度，即工程完工后，要求负责建设者为之保固3年。

（5）道旁植树仍然受重视。行道种树，为我国古代优良传统。清朝政府也非常重视，多次通令府州县官吏认真执行，省级大员总督巡抚随时检查督促。1866年，左宗棠整修陕甘驿路时，也非常注意道旁植树。据统计，从陕西长武到甘肃省城兰州600多里间，植树约26万余株，被称为"左公柳"（图1-4-2）。

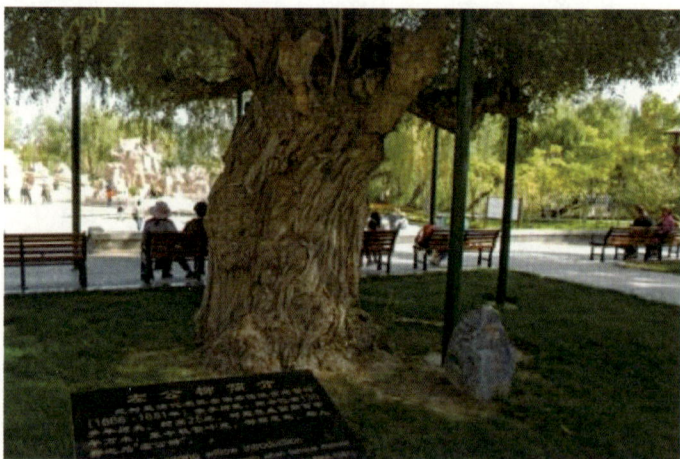

图1-4-2　陕甘驿保存至今的"左公柳"

清朝政府正是通过这些道路，实现了对全国各城镇乃至自然村落的有效统治。全国各族人民也通过这个庞大的交通网络，实现了经济文化等各方面的交流。总之，清代道路交通之发达，道路网络布局之严整，线路选择之合理，都超过了我国历史上的各个朝代，近代兴修铁路、公路时选线布局，多沿用清代旧迹。

三、同时期的外国道路

欧洲的道路大约从 18 世纪中期开始有明显的改变，道路问题逐渐成了政府事务。

在 18 世纪以前，尤其是中世纪的时候，国王的控制力非常薄弱，教会和贵族才是地方的实际统治者。所以国王就算想修路，也是心有余而力不足。

经过几个世纪的斗争后，随着启蒙运动、工业革命和政治革命等的发展，到 18 世纪中期欧洲各国国王的权力得到加强，地方贵族淡出了历史舞台，政府的控制力有了明显提升。战争、税收、商业的发展，使欧洲各国政府必须顺应时代变化，发展交通运输。以法国为例，17 世纪的时候，法国国王路易十四身边的重臣柯尔贝尔主持道路修建和养护工作。法国的道路被划分为若干级别，即"国王大道"（7~10 米宽）和"地方道路"或者"支路"，并将该标准向全国推广。

那时，欧洲多个国家都在政府的主导下，修建了更加先进的道路。修路虽然投入了大量的资金，但是好处也很明显：政府命令可以快速传达到全国各地，收税、平叛和对外战争等方面，都比以前更为高效。道路的改进，让各国政府的统治力量大大加强。

政府主导的大城市间的道路建设，极大地便利了经贸往来。各类货物络绎不绝地往来于各个城市，为商人们赚取了巨大的利润。随后商人们把目光转向了那些中小城市，甚至乡镇农村。很多地方的道路状况依然非常糟糕，政府无力主持修筑，商人们则发现了其中的巨大潜力，于是"收费公路"出现了。

　　在 17 世纪 90 年代的英国的相关法令中，第一次出现了"收费公路"的概念。政府发布法令，由某位有能力的实业家负责养护某一段道路，作为回报，他可以在这一路段对来往的车辆收取费用，这就是早期的收费公路。在当时的欧洲各国，收费公路对于道路建设的推动效果很明显。大量的富商看中了道路的巨大潜力，争先恐后地进行投资，地方的交通系统迅速得到了发展。

　　到 18 世纪末，英国道路交通的发达程度，让所有人都感到吃惊（图 1-4-3）。英国作家理查德·格雷福斯写道："30 年前，谁会相信……一个年轻人竟会乘车去 50 公里外吃晚饭，或许还会在夜里回去？当然，谁又会说载客马车能在伦敦和巴斯之间每天往来，单程只需要大约 12 小时——而那在 20 年前公认要花上整整 3 天……"遍布各地的收费公路，让乡村也产生了翻天覆地的变化。农民可以更便捷地离开村庄，前往城市，城市和乡村的距离不再遥远。大量农民涌入城市，加速了工业革命的进程。

图 1-4-3　18 世纪的英国道路场景

18世纪的工业革命，引领人们进入了"机器时代"（the Age of Machines）。随着汽车的发明和普及，公路诞生。德国人设计建造出世界上第一条高速公路之后，更高技术标准的公路在开拓创新中不断出现，以适应快速增长的工业发展需求。

同一时期，在工业化进程相对落后的中国，公路发展则经历了艰苦卓绝的历程，原有道路在战争中屡遭破坏。然而在战争的硝烟中，在贫瘠的大地上，勤劳的中国人民仍然攻坚克难，努力打通抗战交通生命线，积极探索公路建设技术，为现代中国公路的发展打下了基础。

诞生篇

第二章将这个历史时期分为北洋政府时期（1912—1927 年）、国民政府前期（1927—1936 年）、全面抗战时期（1937—1945 年）和解放战争时期四个阶段（1946—1949 年），主要介绍中国公路初步发展的历程。同时，还介绍同一时期外国公路的发展概况。

第二章

公 路 初 生

第一节 北洋政府时期

北洋政府时期（1912—1927年）是近代中国公路的萌芽阶段。中文"公路"一词就是形成于此时，根据考证是1920年广东省成立"公路处"时开始使用，之后普遍应用于国内。这一时期，我国公路修建事业既无规划，又无技术标准，但仍然修建了最早的一批近代公路，如龙州至凭祥公路、邕宁至武鸣公路等。这一时期的公路一般是军用道路，由地方发起，以民间或商人集资的方式修建而成。

1919年11月，北洋政府内务部颁布了《修治道路条例》和《修治道路系列实施细则》，其中规定道路路基宽国道5丈（约合17米）、省道3丈（约合10米）、县道2.4丈（约合8米）。但由于当时各地军阀割据，联系甚少，最终在实际执行中修成的公路一般只有6~9米宽。

20世纪20年代，上海、天津等城市开始出现沥青和水泥混凝土路面，并有沥青拌和厂，使用压路机等筑路机械，对中国道路的现代化带来了深远的影响。中华民国的创始人孙中山先生指出，道路是文明之母、财富之脉，并有百万英里"碎石公路"的设想。虽未能实现，但倡导之功不可泯灭。

在这样艰难的环境下，截至1927年，中国公路通车里程达到约3万公里。

哪条路是中国第一条公路？

关于哪条路是中国第一条供汽车行驶的公路，有多种说法，如：

1885 年，广西提督苏元春指挥修建军用公路——龙州至镇南关公路（简称"龙南路"，今龙州至凭祥公路），于 1896 年竣工。中华民国时期，该路经历数次整修扩建，路基修通后，加铺砂石路面，并修建了钢筋混凝土桥 2 座。至 1923 年 2 月 17 日正式举行公路通车典礼，全长 55 公里，见图 2-1-1（左）。

1903 年，青岛动工修建台东镇到柳树台公路（简称"台柳路"），全长 30.3 公里，1907 年通车，见图 2-1-1（右）。

图 2-1-1　龙南路"中国第一路"石刻（左）和台柳路"中国第一条汽车公路"石刻（右）

1905 年，张謇倡建江苏南通唐闸至天生港公路（简称"港闸路"），全长 6 公里，同年通车。

1913 年，湖南动工修建长沙至湘潭公路（简称"长潭路"），全长 50 公里，1921 年通车。

无论以上哪条路是中国的第一条公路，在清末民初的战乱年代修建成功，都充分体现了中华儿女救亡图存的精神，也是"交通救国"的重要实践。时过境迁，这些公路像一个个不朽的路标，见证了我国现代交通从最初的筚路蓝缕，到如今世界领先的光辉历程。

第二节　国民政府前期

国民政府前期（1927—1937年），政府开始制订公路建设规划和施工标准。

1927年，国民政府交通部和铁道部草拟了全国道路规划及公路工程标准。1929年，《国道工程标准及规则》发布，其中规定：路堤宽12米、路基宽9米，路面分甲、乙、丙、丁四个等级，所用材料分别为碎石、砾石、河泥和泥土。这是近代第一个公路施工标准，后续又有几次更新。但是此时的标准仅停留在纸面上，并没有真正落实到位。

1932年，全国经济委员会筹备处奉命建设苏、浙、皖三省联络公路。当时仿照国外中央贷款修路的办法筹集基金，并贷款给各省作为修路的资金补助，还组织了三省道路专门委员会统筹公路规划工作。1932年冬，国民政府在浙江宁波奉化溪口召开了苏、浙、皖、赣、鄂、湘、豫七省公路会议，确定了七省的公路建设方案，还将陕、甘、青等省和赣、粤、闽等省的省际重要公路纳入建设任务列表。在西北地区，修建了西（安）兰（州）公路和西（安）汉（中）公路，使陕、甘、川三省公路交通得以连通。据统计，截至1936年6月，中国公路通车里程约12万公里。

小知识

钱塘江大桥的传奇

钱塘江大桥，又名钱江一桥，是中国浙江杭州的一座双层桁架梁桥，位于西湖之南，六和塔附近钱塘江上，由中国桥梁专家茅以升主持全部结构设计，是中国自行设计建造的第一座双层铁路、公路两用桥。大桥于1934年8月8日开始动工兴建，1937年9月26日建成，历时3年零1个月时间。钱塘江大桥的建成，不但极大地方便了钱塘江南北的交通，而且与六和塔一起构成了西湖风景名胜区南线宏伟壮丽的景观（图 2-2-1）。然而，这座大桥通车不久，就被设计师茅以升亲手炸断，这是怎么回事呢？

图 2-2-1　如今的钱塘江大桥

1937 年 8 月 13 日，淞沪会战爆发。3 个月后上海陷落，杭州也危在旦夕。11 月 16 日，茅以升接到国民政府命令：如果杭州不保，就炸毁钱塘江大桥。当晚，茅以升以一个桥梁工程学家严谨、精准的态度，将钱塘江大桥所有的致命点一一标示出来。整个通宵，100 多根引线，从各个引爆点全部接到南岸的一所房子里。怀着亲手掐死亲生婴儿一样的痛楚，茅以升一直陪伴着历经艰险建造起来的大桥，直到亲眼看到最后一根引线接好。这是茅以升一生中最难忘、最难受、最难熬的一天。在事后对家人的回忆诉说中，那种痛苦、那种无奈使他欲哭无泪。11 月 17 日，茅以升多年渴望的大桥全面通车的第一天，第一辆汽车从大桥上驶过，两岸数十万群众热烈鼓掌，掌声经久不息。

1937 年 12 月 23 日下午 1 点，茅以升终于接到命令：炸桥。下午 5 点，日军的先头部队已隐约可见，人群被强行拦阻，所有的引线都点燃。随着一声巨响，钱塘江大桥的两座桥墩被毁坏，五孔钢梁折断落入江中（图 2-2-2）。钱塘江大桥最终在通车的第 89 天，瘫痪在日寇侵略的烽火中。大桥被炸毁的这一天晚上，茅以升满腔悲愤地在书桌前写下八个字："抗战必胜，此桥必复。"
茅以升的愿望直到新中国成立之后的1953年才得以实现。如今，杭州段的钱塘江上耸立着六座大桥，分别命名为钱江二桥、钱江三桥、钱江四桥……，唯独钱塘江大桥的桥名不改，巍然屹立在月轮山前。

图2-2-2　抗战时期被炸毁的钱塘江大桥

第三节　全面抗战时期

全面抗战初期，中国的几条主要铁路（如平汉、粤汉等）运输干线，几乎全被日军切断，上海、广州等地的口岸也被封锁。为了打通抗战大后方的交通，保证国际援助物资的输入，公路成为此时期最主要的运输方式。

在此阶段，为抗日战争的需要抢建了一批新的公路。在北方战场抢修了以石家庄为中心的石德（州）、石保（定）等军用公路，以及环绕北方战场外围的太原至大同和晋南等地的公路，总长达3600余公里。在南方战场主要抢修了苏、浙、皖三省被破坏的桥梁。此后，随着战场的转移，又赶筑、改善了汴（开封）洛（阳）、广（州）韶（关）、武（昌）长（沙）等公路，以及湖北通达安徽、江西等地的干线和支线，疏通了以武汉为中心的辐射线交通网。同一时期，在西北地区改善了西（安）兰（州）公路、兰（州）新（疆）公路。在西南修筑和改善了川陕公路、滇缅公路，整修了川湘公路和湘黔、黔桂、川黔、黔滇等公路。

这一时期共新建公路约 1.4 万公里，其中多数是在地理与自然条件较为恶劣的边陲地区，勘测、设计及施工环节都难度巨大。但因为这些公路多为军事用途，对标准和质量要求并不高。随着战事发展，这些公路也时兴时废，修筑和破坏往往交替发生。据统计，截至 1946 年 12 月中国公路总里程达 13 万公里。

小知识

鲜血染红的生命之路——滇缅公路

抗日战争全面爆发以后，日本海军切断了国外向中国供应物资的海上交通线，大量抗战物资无法运往中国战场。1937 年 10 月，时任云南省主席的龙云将军主动请缨，要求修建缅甸到中国云南的公路，以打通供应援华物资的陆上交通线。当时的中国政府要求滇缅公路（今 320 国道）必须在一年内通车。这对于当时既没有大型机械，又没有专业设备的中国来说，几乎是不可能完成的任务。然而中华民族就是坚韧不拔、齐心协力、能创造奇迹的民族，中国的老百姓硬是用双手"挖"通了这条公路（图 2-3-1）。

为了修建滇缅公路，我国先后出动了 20 万名劳工。由于国内的青壮年男性大多数在前线与日军作战，因此劳工大部分由妇女、老人、孩子组成。就是这样一支筑路大军，在没有大型机械的情况下，用铁锹、锄头等原始工具，以每天 2 公里的速度"挖"出了这条著名的公路（图 2-3-2）。这些劳工不计酬劳，每天忍饥挨饿、夜以继日劳动，目的只有一个——早日将侵华日军赶出中国！

日军自然不能坐视滇缅公路的建成。自从这条公路开始修建以来，日军就没有中断过对它的轰炸，重点目标是桥梁。几乎每天都有中国劳工死于日军飞机的轰炸。加之饿死、累死的人，先后有 3000 多名中国劳工永远地长眠在了这条中华民族的生命之路上，为世界反法西斯战争的胜利贡献了自己全部的力量。据《中华民国统计提纲》记载：中国获得所有的国际援助约 50 万吨，其中经滇缅公路 3 年运输的物资就有 45.2 万吨。

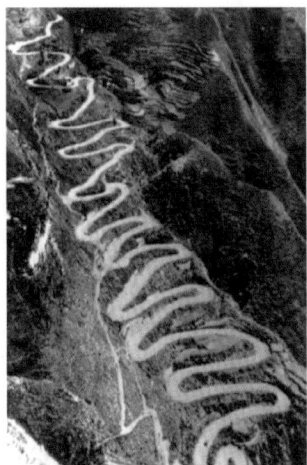

图 2-3-1　滇缅公路在 20 世纪 40 年代旧照

图 2-3-2　正在修建公路的老百姓

　　这条滇缅公路是中华儿女团结一致、舍生忘死，献身于国家民族危难可歌可泣的见证。向这些英雄的中华儿女致敬！

第四节　解放战争时期

　　抗战胜利之后，恢复在战争中受到严重损毁的公路系统成为这一时期的重要任务。1946 年年初，国民政府军事委员会的战时运输管理局撤销，恢复成立交通部公路总局。交通部公路总局下辖当时的全国九个区，每区各设一个公路工程管理局，负责辖区内的国道工务与交通管理；并设立十个直辖运输处，办理公路运输。此外，还设有机械筑路工程总队、筑路机械管训处、汽车器材总库、平津汽车修配总厂、电讯总台等。但由于内战，公路交通以服务军事为主，公路恢复受阻，新建更是困难重重。特别是国民党军队溃退时，公路遭到严重破坏。截至中华人民共和国成立前夕，全国能通车的公路只剩下约 8 万公里。

经过三年的国内战争，历史选择了中国共产党，中国人民选择了社会主义道路。中国的历史从此翻开了新的篇章。

第五节　同时期的外国公路

一、汽车的诞生与普及

1886 年德国人卡尔·弗里德里希·本茨制造出世界上第一辆以汽油为动力的内燃机三轮汽车，命名为"奔驰一号"，并于同年 1 月 29 日获得专利（图 2-5-1）。因此，1 月 29 日被认为是世界汽车诞生日，1886 年为世界汽车诞生年，世界汽车工业从此拉开序幕。奔驰一号最高速度可达 15 公里/小时，装有卧置单缸二冲程汽油发动机，容积 785 毫升，功率 0.89 马力，转速 400 转/分钟。该车前轮小，后轮大，发动机置于后桥上方，通过链和齿轮驱动后轮前进。这辆车已具备了现代汽车的一些基本特点，如电点火、水冷循环、钢管车架、钢板弹簧悬挂、后轮驱动、前轮转向和制动手把等。其齿轮齿条转向器是现代汽车转向器的鼻祖。

图 2-5-1　本茨和他的奔驰一号

本茨制造的第一辆汽车实际上只是实验产品，并没有配备变速箱，甚至没有刹车。第二年，本茨推出了改进后的"2型"车，更加实用。1888年，本茨研制出"3型"车，并成为世界上第一款量产销售的汽油车，共生产25辆，其中第一辆由巴黎的一家自行车工厂的老板购买。

汽车发明之初，价格一般在1000~5000美元，而当时美国人年收入在200~400美元，因此当时汽车更多是被富人当作玩具，未能在社会上广泛应用。

1908年，美国人亨利·福特率先采用了流水线生产方式，大规模生产其公司设计的T型车（图2-5-2），让这款车的零售价从最初的800多美元降低到200多美元，成为美国中产阶级可以轻松负担的消费品。从此，汽车走进千家万户。福特采用流水线生产后不到10年，T型车就在美国卖出了超过50万辆，后来又卖到了100万辆。福特T型车的热卖对汽车工业和社会文化产生了深远的影响，使得汽车从奢侈品成为可以被普通大众消费的产品。

图2-5-2　福特公司的T型车

二、第一条长距离的水泥路

福特公司的流水线生产成功地降低了汽车的成本，让广大中产阶级能够买得起汽车。T型车的重要特点，是它的底盘距离地面高达30英寸（约合0.76米），因此能克服很差的路况，如在西部的荒野小道上行驶。不过，由于美国当时用于马车行驶的小路实在是太过简陋，路面不仅凹凸不平，颠簸得让人难受，还经常因为过于泥泞或者湿滑而难以通行（图2-5-3）。美国各地的人们呼吁政府，修整早已破烂不堪的公路，并建设更加密集的公路网，以方便人们开车出行。"好路运动"（Good Road Movement）在全国迅速兴起。

图 2-5-3　20 世纪初的美国泥泞道路

在这样的背景下，1913年美国修建了第一条横贯大陆连接东西海岸的公路——林肯公路[①]（Lincoln Highway）。它东起纽约时代广场，西至旧金山的林肯公园，穿越 14 个州，全长约 5200 公里，途经费城、匹兹堡、奥马哈、夏延、盐湖城等大大小小 700 多座城市，横跨了沿海平原、阿巴拉契亚山、中央低地、大平原、落基山脉、科罗拉多高原、犹他大盆地、内华达雪山、加州中央谷和海岸山脉等美国的几乎所有地形区（图 2-5-4）。

---

① Highway 指的是路面平整的高级道路，和今天的封闭式可以高速行驶的高速公路（Expressway）不同。

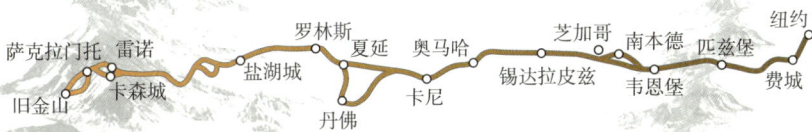

图 2-5-4　林肯公路示意图

从这时候开始，汽车逐渐成为美国人生活中不可或缺的一部分。林肯公路引发了连锁反应，从此美国拥有了国道系统（详见下一小节），使美国西部各州的交通得到了极大改善，从而也给西部的经济和社会文化带来了翻天覆地的变化。洛杉矶、雷诺、夏延等原本规模很小的城市，在林肯公路以及随之而来的美国国道的影响下，发展成为西部重镇。公路旅行文化以及内华达州博彩业（包括后来的赌城拉斯维加斯）的兴起，也和这些公路的出现息息相关。

小知识

林肯公路的诞生

印第安纳州的卡尔·费舍尔是美国一位早期的汽车制造商。为了对自己设计的汽车做实地测试，他在印第安纳波利斯修建了一条长 2.5 英里（约合 4.02 公里）的平整封闭道路。测试结果表明，汽车在平整道路上的性能表现，比在泥路上好得多。为了更好地推广自己的产品，他联络了几家同行，商议筹资修筑一条从东海岸到西海岸的水泥路，让人们对汽车公司产生好感，进而扩大汽车销量。在观摩了费舍尔的封闭公路之后，大多数汽车商认为筹钱修路是个不错的决定。但是，有一位汽车商提出了不同的意见，他就是福特。福特认为，路肯定要修，而且不只修一条。如果汽车商自己集资修路，一条两条甚至五条十条都没问题，但问题在于路是修不完的，最后人们会觉得汽车商修路是天经地义的事。把路修到旧金山，洛杉矶的人会不满意，修到了洛杉矶，西雅图的人会不满意，到最后出力不讨好。所以，应该加入当时呼吁政府出资改善基层人民道路设施的"好路运动"，要求政府出面修建公路。大家同意福特的观点，于是在他们的共同努力下，最终由国会拨款，出资建设了连接东西海岸的公路，命名为林肯公路。建设者认为这条路会让美国各州保持紧密联系，就像林肯总统曾经统一了北方和南方一样。

三、公路规划的诞生

美国的林肯公路修通后，人们对驾驶的乐趣和沿途的景色充满了向往，公路旅行渐渐成为美国人一种独特的度假方式。美国也因此成为"车轮上的国家"（图 2-5-5）。

图 2-5-5　平整后的公路

很快人们又发现了水泥公路的新问题——公路需要配套设施和管理。比如：许多路段是由当地居民自行施工的，路径会被随意改动，导致公路地图错漏百出。沿途的路标、路灯、休息室、加油站等配套状况也很难令人满意。此外，公路如果经过牧民们的土地，经常会撞死牲口。一些脾气暴躁的牛仔们为此会用枪支来威胁过往车辆。

美国社会认识到，公路需要州政府以及联邦政府进行统一的规划管理，才能让它们发挥出最大功效。于是在 1925 年，美国成立了美国各州公路与运输工作者协会（AASHTO），开始统一规划全美的公路交通系统。

对于这个新的系统，协会决定采用数字编号的方法。1926 年，美国公布了新的公路编号规则：东西方向建成或规划的几条主干线，编号为 10 的倍数，从最北边的 10 号公路，依次排到最南边的 90 号公路；南北方向的主要道路则被编为尾数是 1 或 5 的号码，大西洋沿岸的第一条南北主线为 1 号公路，而西海岸的最后一条南北主线为 101 号公路；剩下的非主线公路，则按照南北走向为奇数，东西走向为偶数，数字由东向西、由北向南渐增的规则编号（但也有少部分例外情况）。

美国编号公路系统（即美国国道，U.S. Highways）就此诞生。这是世界上第一个带编号且具有国道性质的公路系统，总规模达到约 15.5 万公里。

四、高速公路的诞生

随着汽车的普及和车辆速度、安全、舒适度等性能的不断提高，原先坑洼狭窄的土路已不能适应汽车行驶的需要。于是，人们开始大量修建沥青路面和混凝土铺装路面，专门供汽车使用的公路——高速公路。

早在第二次世界大战之前，德国人设计建造出了世界上第一条高速公路。战后，各国看到德国高速公路的便捷而纷纷效仿，掀起了高速公路发展的热潮。如今高速公路已成为公路现代化的标志，公路发展也迈入了新纪元。高速公路在德国称为 "autobahn"，英国称为 "motorway"，美国称为 "expressway"，日本称为 "高速道路"。

📖 **小知识**

是谁下令建造了世界上第一条高速公路

1918—1933 年，德国处于魏玛共和国时期，普通民众根本买不起汽车，更别说修建专门为汽车行驶的道路。当时的德国科隆市市长是康拉德·阿登纳，因为工作需要经常出差。他本人是位老司机，偏爱开快车。而当时科隆和波恩之间的交通十分繁忙，路况却很糟糕，经常发生交通事故。因此，修建两城之间的高速公路在阿登纳市长的敦促下很快提上日程。1932 年 8 月，阿登纳为第一条"德国的高速公路"——从科隆到波恩的全长 18 公里的新型公路揭幕（图 2-5-6），德国交通翻开了新的一页。

图 2-5-6　德国 20 世纪 30 年代的高速公路

当然，这条所谓的高速公路和现在的高速公路相比，还有很大差距。当时的高速公路没有服务区，道路双向之间也没有隔离护栏，只有一道粗粗的白线。但它在车辆行驶的方向和速度方面，设立了新的规则，如：车辆在高速公路上只能朝一个方向行驶，不能停车、掉头、拐弯、倒车，车辆限速 120 公里 / 小时等。其实，当时的车辆大多只能开到每小时 60 公里，所以这相当于没有限速。

但之后不久，阿登纳遇到了他政治生涯上的对手——希特勒。希特勒上台后，阿登纳随即被免去职务并被送进了监狱，他的"作品"也被希特勒以未达到基本标准为由而降为普通公路。1933 年伊始，希特勒刚刚就任德国总理，便出席主持柏林汽车展开幕式。在开幕式上，希特勒大肆鼓吹高速公路计划，宣扬要成立"帝国道路公司"，实现希特勒的高速公路梦。

希特勒亲自为德国高速公路的建设制定标准：一般路段设计

为四车道宽 34 米；中间有 5 米的绿化隔离带；不设置路灯，但每隔 200 米设立一块可反光的水泥柱；为了防滑，路面的坡度要小，转弯半径要尽量大，同时将路面进行了特殊的粗糙处理。这些对高速公路的追求，主要是为了服务于战争。

人类历史上的第一条高速公路，改善了德国的交通，创造了新的交通运输模式，并影响了世界道路的发展。后来各国都开始大力推动高速公路建设，也是源于各国都在战争中体验到德国高速公路表现出的快速和高效。战后，高速公路建设在全世界范围得到推广。

第二次世界大战后，世界经济发展进入了快车道，公路发展也进入了新的阶段，其功能和内涵不断丰富，向更加便捷、更加智慧、更加美丽迈进。

　　在新中国成立以来的 70 多年间，中国公路实现了举世瞩目的沧桑巨变。这一时期的公路发展可以划分为三个阶段：一是从新中国成立到改革开放以前，国家对战后损毁的道路进行修建，基本搭建起全国公路主骨架。二是从改革开放到 20 世纪末，"要想富，先修路"的口号响遍全国，公路建设逐步提速，中国大陆高速公路实现零的突破。三是从 21 世纪初至今，公路建设基本适应经济社会发展需求，开启了中国公路高质量发展的新征程。第三章将介绍每个阶段的中国公路历史大事，以及具有时代特色的专题故事，希望以此勾勒出我国公路自新中国成立以来 70 多年的辉煌历程。

发展篇

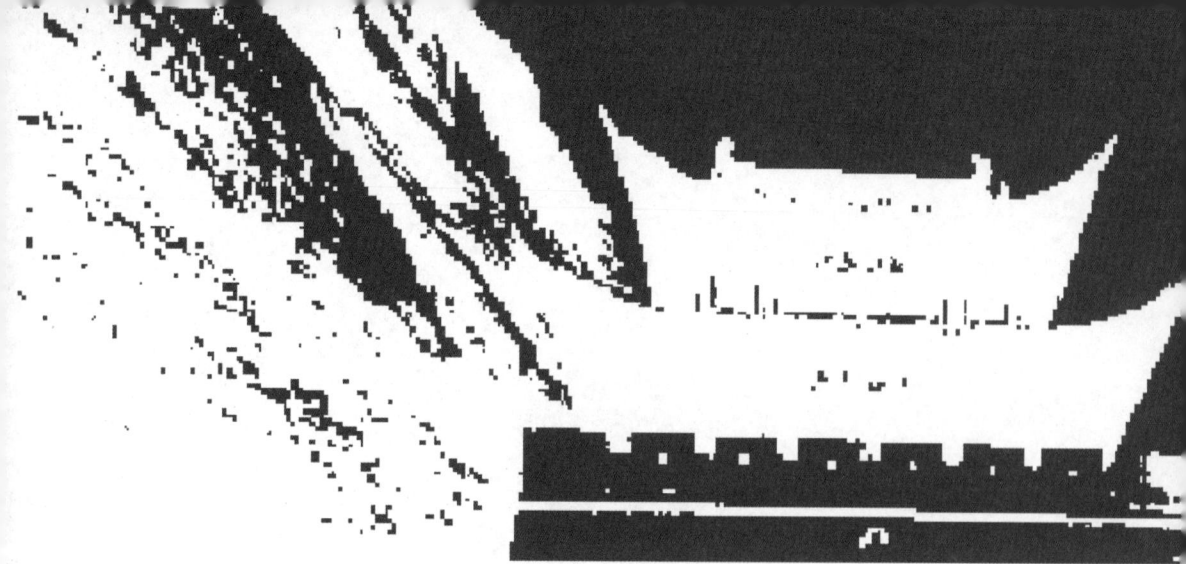

　　放眼全球，世界各地都建有适应当地情况的公路和公路管理系统，服务着当地的人口流动和货物运输。由于自然条件的差异，各国的公路也各具特色，如加拿大的"冰面公路"、澳大利亚的"动物公路"等。与此同时，各国也在公路管理、建设资金筹集、公路养护等方面进行了各自的探索。第四章专门讲述外国的公路发展历程、现状和有趣的故事。

第三章

现代中国公路

第一节　艰苦奋斗——从新中国成立到
改革开放以前

　　1949 年 10 月 1 日新中国成立时，我国交通基础可谓"破败不堪"，全国公路总里程大约 13.37 万公里、通车里程仅 8.08 万公里。新中国成立后，我国投入了巨大的人力、物力和财力，从根本上改变了过去交通落后的面貌。截至 1978 年底，我国公路通车总里程 89 万公里，比新中国成立初期增长十余倍，已搭建起全国公路的骨架。

　　纵使如此，至改革开放前夕，我国公路仍然存在覆盖不足、等级不高等问题。全国公路里程数虽有 89 万公里，但质量低劣者较多。很多偏僻或地势险峻的地方，或仍不通公路，或虽有路但路况不佳。一些乡村的泥土路，每逢雨雪天气便一片泥泞，难以通行。

| 公路大事记 |

· 表示公路建设项目的事件
➤ 表示公路政策法规的事件
❖ 表示公路规划的事件

➤ 1950 年，交通部制定并试行全国统一的《养护公路暂行办法》。该办法对于中华人民共和国成立初期全国公路养护与路政管理工作，起到了重要的规制作用。

· 1954 年，青藏公路、川藏公路（北线）正式通车。

· 1957 年，"万里长江第一桥"——武汉长江大桥建成通车。

· 1957 年，新藏公路建成通车。新藏公路是进入西藏的第三条公路，也是世界上地势最高的公路。

· 1958 年，川藏公路（南线）正式通车。这条公路就是现在国道 318 川藏段，被誉为"中国人的景观大道"。

· 1963 年，挂壁公路的先驱——锡崖沟挂壁公路开工。挂壁公路是在悬崖和崇山峻岭中开凿而出的奇险公路，不仅解决了当地山区交通闭塞的难题，而且其本身也成了自然和人文奇观的一部分。

· 1965 年，墨脱公路开工。西藏林芝墨脱县位于喜马拉雅山脉车段南麓，地质条件复杂，是我国最后一个通公路的县。墨脱公路历经 38 年艰苦卓绝的建设，最终修通。

· 1965 年，中尼公路通车。这是中国西藏通往尼泊尔的公路，也是当时中国通往喜马拉雅山南麓的唯一通道。

· 1968 年，长江上第一座由中国自行设计和建造的公铁两用桥梁——南京长江大桥建成通车。

· 1969 年，新中国一次性投资最多、技术标准最高的国防公路工程——北京至山西原平县（今原平市）的京原公路工程完工通车，被赞誉为"山区公路教科书"工程。

· 1974 年，中国第一条一级公路——沈抚公路通车，路面宽度 25 米，设计时速 100 公里。

· 1976 年，滇藏公路建成通车，是入藏公路海拔最低的通道。

一、新中国遇水架桥奋斗史

从武汉长江大桥开始的"中国桥梁"故事，充分展现了中国人民逢山开路、遇水架桥的开拓精神，是一部自强不息、勇创一流的中华民族奋斗史。

1906年，湖广总督张之洞最早提出在武汉建设一座长江大桥的设想。当时，京汉铁路全线通车，粤汉铁路也在修建中，因此人们自然就会设想建桥跨越长江、汉水，从而沟通南北铁路。1913年，"中国铁路之父"詹天佑组织人员对武汉长江大桥桥址进行了初步勘探和设计，这是对武汉长江大桥的首次实际规划。孙中山在《实业计划》中也提出过造桥设想。此后的1929年、1935年和1946年，中华民国政府先后三次提出了建造武汉跨江大桥的计划。然而，由于国力贫弱、内乱频仍，上述计划最终均告搁置。直到新中国成立，半个世纪以来建设武汉长江大桥的梦想才得以真正实现。

（一）"万里长江第一桥"成为现实

1949年9月中华人民共和国即将成立之时，桥梁专家李文骥联合茅以升等一批桥梁专家，向中央人民政府递交了《筹建武汉纪念桥建议书》，建议建造武汉长江大桥，作为新民主主义革命成功的纪念建筑。1949年9月21—30日，毛泽东在北平（后改称北京）主持召开中国人民政治协商会议第一届全体会议，通过了建造武汉长江大桥的议案。

1950年，武汉长江大桥钻探测量工作和初步设计全面展开。1953年4月1日，铁道部成立了武汉大桥工程局，负责武汉长江大桥的筹备建设等工作，并邀请苏联桥梁专家对大桥的建设进行技术指导。

1955年9月1日，武汉长江大桥作为国家"一五"计划重点工程开始动工（图3-1-1）。历时2年1个月，全桥工程于1957年9月25日竣工。建成当天，无数武汉市民走上大桥，雀跃欢呼，庆祝活动盛况空前［图3-1-2（左）］。

图 3-1-1　1955 年大桥江中 8 个桥墩及两岸引桥同时施工场景

　　建成的武汉长江大桥桥梁全长 1670 米（连同两端公路引桥），其中正桥由三联九孔跨径各 128 米的连续梁组成，共长 1155.5 米。桥墩数量共 8 个，公路桥宽度 22.5 米，桥梁类型为钢桁架三孔连续梁，大桥总投资 1.38 亿元。"举全国之力"修建的"万里长江第一桥"武汉长江大桥，既是新中国国力的象征，也是刚刚翻身做主人的新中国人民志气的象征。

　　武汉长江大桥的桥头堡建筑设计借鉴了清代黄鹤楼"攒尖顶亭式"建筑风格 ［图 3-1-2（右）］。此外，桥头堡小格大窗的设计灵感来自西方的铁艺花窗，并配合宫廷吊灯和大理石贴面，营造出一种庄重大气的美感。

图 3-1-2　人民群众庆祝武汉长江大桥通车盛况（左）和桥头堡建筑设计（右）

武汉长江大桥是连接汉阳区与武昌区的过江通道，是中华人民共和国成立后修建的第一座公铁两用的长江大桥，也是武汉市重要的历史标志性建筑之一，素有"万里长江第一桥"之美誉。

1968 年，武汉长江大桥建成通车 11 年之后，由我国专家独立设计建造的第一座长江大桥——南京长江大桥建成通车。1995 年，武汉长江大桥建成之后的第 38 年，长江武汉段的第二座跨江大桥——武汉长江二桥建成通车。到 2022 年，长江武汉段建成通车的大桥已经有十余座。

（二）长江上没有桥墩的大桥

2020 年发布的《长江干线过江通道布局规划（2020—2035 年）》提出，到 2035 年建成跨过长江的过江通道 240 座左右。规划提出了"生态优先，绿色发展"的基本原则，要求尽量节约资源，保护长江生态环境。桥墩的存在会改变江水的流动性质，也会影响长江的鱼类种群生态。所以，如今新建的跨江大桥都提倡一跨过江，尽量少设或不设桥墩。

位于武汉市白沙洲的杨泗港长江大桥，是武汉第十座长江大桥，也是长江上首座双层悬索公路大桥。该桥梁主跨 1700 米，是中国跨径最大、全球跨径第二的悬索桥，也是世界上最长的双层公路悬索桥。这座大桥从 2014 年开工建造，到 2019 年开通运营，全长 4.13 公里，总投资超过 80 亿元。

杨泗港长江大桥最引人注目的地方，在于它是一座不设桥墩的大桥——"全桥不下水"（图 3-1-3）。在世界上，不设桥墩的桥梁很多，但它们在规模上都远远不及杨泗港长江大桥。如此大跨径却可以不设桥墩的原因，在于它是一座悬索桥，其承重点不在桥墩，而在桥上的钢索。这就要求悬索桥上的钢索要有极高的强度，才能承受住桥梁的重量。

两根 2850 米长的主缆绳，需要承受高达 6.5 万吨的巨大拉力。为此，工程建设人员动用了 39494 根特殊的钢丝线进行编织，将它们以 271 根每组的方式形成 91 个缠绕组，最后才编织出这两根能够承受 6.5 万吨拉力的超级钢缆（图 3-1-4）。这种钢缆不仅足以吊起跨江部分的桥面重量，而且能够保证至少使用 100 年时间，因此杨泗港长江大桥是中国又一座百年桥梁。

图 3-1-3　杨泗港长江大桥

图 3-1-4　杨泗港长江大桥主缆索股

（三）中国桥梁续写新时代辉煌

在世界桥梁界曾经流传着这样一句话：20 世纪 70 年代看欧美，90 年代看日本，21 世纪看中国。因为 21 世纪以来，中国许多桥梁建设都突破了天险，创造了奇迹，并创下多项世界纪录。中国桥梁拥有众多世界第一：

· 世界第一高桥（桥面到谷底的垂直高度）——云南和贵州共同建造的北盘江大桥，见图 3-1-5（左）。

· 世界第一跨径钢拱桥——重庆朝天门长江大桥，见图 3-1-5（右）。

· 世界最长跨海大桥——港珠澳大桥（将在本章第三节详细介绍）。

· 世界最大跨径公铁两用大桥——沪苏通长江公铁大桥，见图 3-1-6（左）。

· 世界上最大跨径山区悬索桥——金沙江特大桥，见图 3-1-6（右）。

· 世界第一大隧道锚桥——坝陵河大桥，见图 3-1-7（左）。

· 世界上最大单跨板桁结合加劲梁悬索桥——清水河特大桥，见图 3-1-7（右）。

· 世界上最长的钢管桁架梁公路桥——干海子特大桥，见图 3-1-8（左）。

· 世界第一大型有推力钢箱拱桥——柳州官塘大桥，见图 3-1-8（右）。

· ⋯⋯

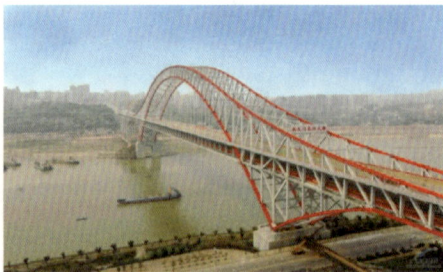

图 3-1-5　北盘江大桥（左）和重庆朝天门长江大桥（右）

图 3-1-6　沪苏通长江公铁大桥（左）和金沙江特大桥（右）

图 3-1-7　坝陵河大桥（左）和清水河特大桥（右）

图 3-1-8　干海子特大桥（左）和柳州官塘大桥（右）

二、史诗般的进藏公路

　　青藏高原是世界上隆起最晚、面积最大、海拔最高的高原，被称为"世界屋脊"，也常被视为除南极、北极之外的"地球第三极"。青藏高原的主体部分位于我国的西藏和青海。西藏以其雄伟壮观、神奇瑰丽的自然风光闻名，也同时因为其地势险峻、高山大川，阻隔了它与外界的联系。

　　和平解放前的西藏没有一条现代公路。古代的进藏道路是人畜踩踏形成的驮道，主要从青海、四川、云南三个方向的入藏路线，道路质量相差不多，只能供人和牲畜通行。中华民国政府尝试建设从青海进入西藏的公路，仅完成了青海省内部分路段（西宁至玉树）的修建。到新中国成立前，汽车仍然无法进入西藏。

那个时代，去一趟西藏有多艰难，不妨听听这个故事：有两个路人各赶一头牛，相向走在宽不足 1 米的小路上，相遇时一边是山岭一边是悬崖，既不能错开，又无法调头，进退不得。两个人只好协商，忍痛把体弱的牛推下悬崖，才通过了那条又长又窄的小路。这虽然只是一个故事，却也说明曾经的西藏道路确实凶险。内地运往西藏的物资，通过崎岖山路以牦牛或马匹驮运，从雅安或西宁到拉萨往返一次，往往需一年之久。以致西藏在当时人们的心目中，显得十分遥远。

（一）通往"世界屋脊"——公路建设史上的奇迹

1950 年年初，中国人民解放军挺进西藏。这支英雄的军队遵照党中央的号召和毛主席"一面进军，一面修路"的指示，和各族同胞一起发扬艰苦奋斗的精神，历经艰险、排除万难，在"世界屋脊"上修通了全长 1931 公里的青藏公路（即 G109 西宁至拉萨段，1954 年通车，见图 3-1-12）和川藏公路（分为南北线：川藏北线，即 G317 成都至拉萨段，1954 年通车，见图 3-1-13；川藏南线，即 G318 成都至拉萨段，1958 年通车，见图 3-1-15）。这些进藏公路的修通，使西藏人民终于可以使用现代化交通运输，取代千百年来人背畜驮的落后运输方式，开创了西藏交通事业发展的新篇章。在川藏、青藏公路的修筑过程中，共有 3000 多名干部、战士和工人英勇捐躯。这支筑路大军在"人类生命禁区"的"世界屋脊"创造了公路建设史上的奇迹，铸造了"一不怕苦、二不怕死，顽强拼搏、甘当路石，军民一家、民族团结"的"两路"精神（图 3-1-9）。

新藏公路（G219 叶城至拉孜段，见图 3-1-14）是继青藏公路、川藏北线之后，进入西藏的第三条公路，于 1957 年通车。新藏公路平均海拔4500 米以上，最高点为 5500 米，是世界海拔最高的公路。新藏公路几乎全线处于高寒缺氧的无人区，冬季气温可低至零下 40℃，氧气含量只有内陆地区的 44%。如今行驶于新藏公路上，依旧要穿过漫长的无人区和冻土、干旱松土地区，在险峻地段依旧时而发生泥石流、地震、塌方、大雪阻隔等自然灾害，当年修路之艰辛可见一斑。如今走过这条名副其实的"天路"，我们可以亲身领略世所罕见、震撼人心的自然与人文盛景：阿里无人区、喜马拉雅山脉、喀喇昆仑山脉、扎达土林、古格王国遗址、神山冈仁波齐、圣湖玛旁雍错、白居寺等（图 3-1-10）。

图 3-1-9　1984 年建成的川藏青藏公路
　　　　　纪念碑

图 3-1-10　世界地势最高的公路：
　　　　　 新藏线美景

1958 年，入藏的第四条公路——川藏南线（G318 成都至拉萨段，见图 3-1-15）建成通车。川藏南线被誉为"中国人的景观大道"，沿途翻越10 余座海拔超过 4000 米的大山，跨过金沙江、怒江、澜沧江三条大江，穿行于平原、高山、峡谷、河流、草原、冰川、森林、野花、海子、雪山、湖泊、温泉等迥然不同的景象间。来往川藏南线的路人犹如在大地或云端上舞蹈。川藏南线可谓奇美与奇险并存（图 3-1-11）。

图 3-1-11　川藏路美景

1976 年，入藏的第五条公路——滇藏公路（G214 昆明至拉萨段，见图 3-1-16）建成通车。滇藏公路全长 1930 公里，整体较为平缓，是入藏公路海拔最低的通道，所经路线是中国古代商旅人士走过的茶马古道的核心干线。

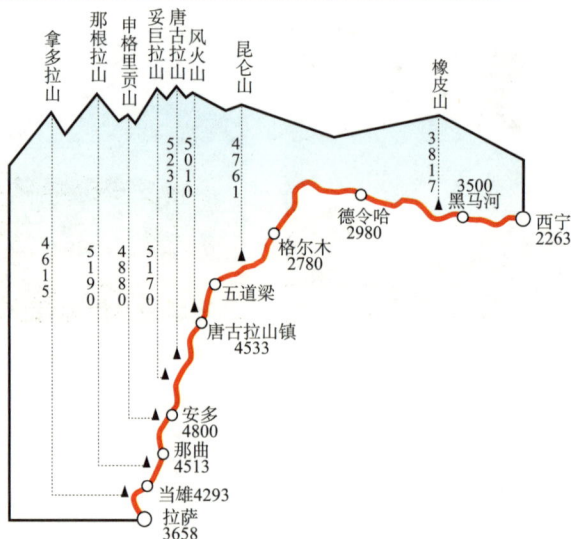

图 3-1-12　第一条进藏公路——青藏公路（1954 年通车）

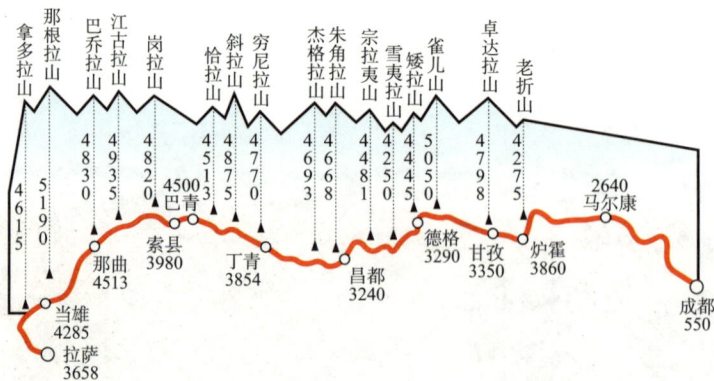

图 3-1-13　第二条进藏公路——川藏北线（1954 年通车）

G219国道线

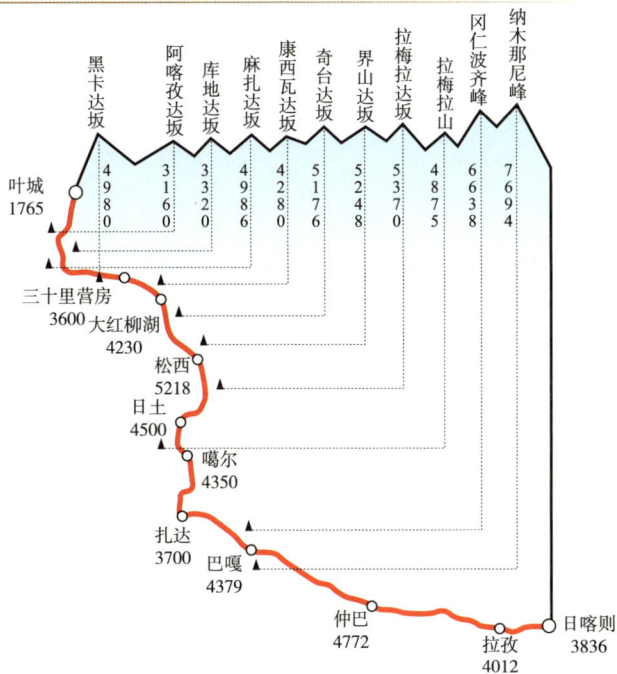

图 3-1-14　第三条进藏公路——新藏公路（1957 年通车）

G318国道线

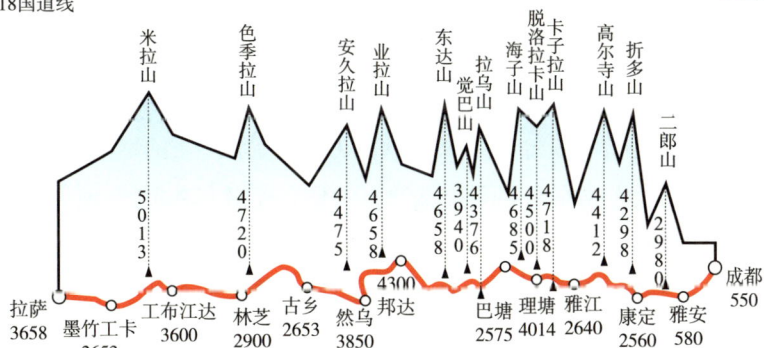

图 3-1-15　第四条进藏公路——川藏南线（1958 年通车）

第三章　现代中国公路

075

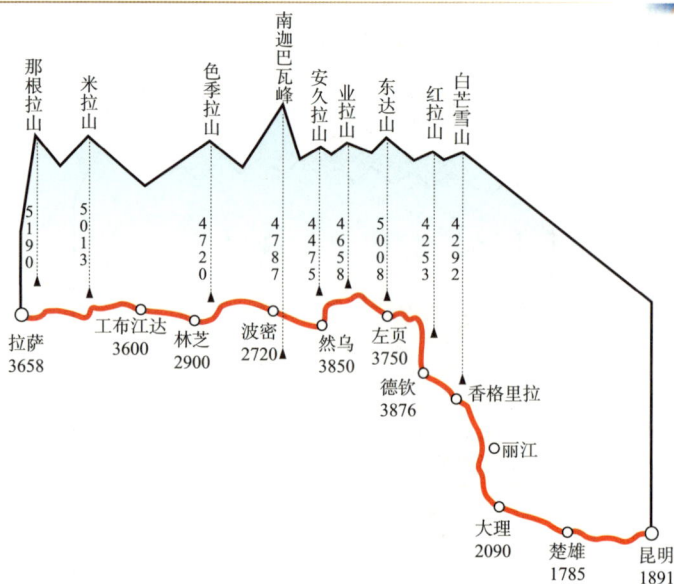

滇藏线海拔图
G214南段

那根拉山 5190
米拉山 5013
色季拉山 4720
南迦巴瓦峰 4787
安久拉山 4475
业拉山 4658
东达山 5008
红拉山 4253
白芒雪山 4292

拉萨 3658
工布江达 3600
林芝 2900
波密 2720
然乌 3850
左页 3750
德钦 3876
香格里拉
丽江
大理 2090
楚雄 1785
昆明 1891

图 3-1-16　第五条进藏公路——滇藏公路（1976 年通车）

改革开放前，以上五条公路构成了入藏的主要通道。这些公路联系着祖国东西部地区，在军事、政治、经济、文化上都具有不可替代的重要作用。它们不但是各族人民群众通往幸福生活的"金桥"和"生命线"，而且是联系各族人民的纽带，更是中华民族团结、勤劳、智慧的结晶。

（二）因路而兴的城市

格尔木，蒙古语意为"河流密集的地方"，原本是由格尔木河在阿尔顿曲草原上冲击而成的一片宽阔的河滩。格尔木这座城市的建设和发展，与青藏公路的建成是密不可分的。因为修筑了青藏公路，格尔木才真正诞生。

1951 年人民解放军分两路进藏时，还没有格尔木这个地名。慕生忠将军负责为进藏的 3 万多官兵运送给养。慕生忠于 1933 年加入中国共产党，1949 年任第一野战军民运部部长、政治部秘书长，1955 年被授予少将军衔。运输总队大本营设在香日德，属于青海海西都兰县。当时运给养进藏，走的是昆仑山、通天河、唐古拉，穿过玉树，抵达那曲，途中的艰难程度难以想象。运输大军跋涉了 113 天，第一天就损失了 20 多人、几百匹骡马。当时运输的场景见图 3-1-17。

图 3-1-17　1953 年 11 月，西藏运输总队驼工徒步向西藏运输物资

1953 年，慕将军再度率队进藏。为了避免重蹈覆辙，他听说有一个叫格里峁的地方，据说是香日德往西 600 多里的一块平川，能沿着较平缓、少沼泽的吐蕃古道前往拉萨。部下找来一张军阀马步芳时期绘制的地图，其中有一个小黑点标着"噶尔穆"，且有一段公路线连接香日德。慕将军大喜：噶尔穆或许就是那个格里峁。于是派助手先行，寻找噶尔穆。

几天之后，助手派人带回消息，无法肯定地图标的地方就是噶尔穆。"除了大片芦苇、大群黄羊和野马，看不见什么路啊。"慕将军带队出发，赶到助手身旁时，面对一望无际的荒漠，耳闻众人争论是不是噶尔穆，有没有路时，毅然发话："咱们的帐篷扎在哪儿，哪儿就是噶尔穆！"

第二天一早，帐篷旁边插着一个牌子，上书"噶尔穆"三个大字。半年后，慕将军从北京运了满车的杨树苗到噶尔穆，一边招呼大家种树，一边"强迫大家集体畅想"："种好树，修好路，这里就当作总站，将来会成为一个城市的。你们想象一下那个样子，想象一下。"与此同时，探路队汇报："青藏高原远看是山，近看是川，山多坡度平，河多水不深，一般不用架桥。一千多人，用半年左右时间，修一条简易公路是可能的。"这是一份电报内容，由此完成的修筑青藏公路的报告文本，如今保存于青海省档案馆。

1956 年，在今格尔木设县级噶尔穆工作委员会。1960 年，经国务院批准，将噶尔穆简化为格尔木，设立格尔木市。

沧海桑田，恢宏巨变，如今的格尔木已经成为祖国西部重要的工业基地。公路、铁路、航空交织构建，将这座城市托举成为"世界屋脊"上的交通枢纽（图 3-1-18）。

图 3-1-18　因青藏公路而建立的青海省格尔木市

（三）第一条贯通的进藏公路和第一位坐汽车到拉萨的人[①]

1954 年，慕生忠从青海来北京，正式向当时的中央人民政府交通部提出了在青藏高原修一条公路的建议。

这个时候，刚好彭总（彭德怀）打完抗美援朝回国。慕生忠前往看望老首长，跟彭总聊到了修建青藏公路的想法。彭总看了眼挂在墙上的中国地图，整个青藏高原一片空白，没有一条现代公路，认为从长远看非有一条交通大动脉不可。于是，彭总问慕生忠："你有什么打算？"慕生忠说："修建公路的经费全部纳入国家计划，估计有点困难。我打算先修噶尔穆到可可西里的三百公里公路，然后再计划修往拉萨。这三百公里大概需要30 万元。"彭总沉思了一下，说："可以，你先写个报告，我转呈总理。"正是在彭总和周总理的关心下，几天之后慕生忠就带着国家批复的 30 万元经费回到了青海。

1954 年 5 月 11 日，慕生忠率领 19 名干部、1200 多名民工和战士，从格尔木河畔开始修筑进藏公路。当年的修路方法是先通车，后整修，再

---

① 慕生忠将军修筑青藏公路的相关事迹，参见张国藩，胡俊璐. 化作昆仑一抔泥——慕生忠将军诞辰 95 周年纪念［J］. 档案，2015（9）. 窦孝鹏. 青藏公路之父——慕生忠将军（一）［J］. 柴达木开发研究，2003，5（5）.

重建，不断加宽、加固。当时不允许也没有条件修建一条高标准的公路，只能哪里好修走哪里，能跑动汽车就可以。慕生忠要求修路工程的具体实施，必须以军事指挥和军事行动为保证，并将全线分为几个大段，大段又划成小段，各队按指定地段在指定的时间内完成任务，从而加快了青藏公路的修建速度（图3-1-19）。

图3-1-19　修建公路的场景

开工后不久，一条大河就横亘在修路队前面，必须架桥。在当时的条件下，筑路队用几根木头，搭建起了青藏公路上的第一座桥，至于桥结不结实、能不能过汽车，谁都不知道。于是，负责修桥的工程师邓郁清爬上汽车，打算亲自试验，没想到被慕生忠一把拉了下来，自己上车准备过桥。他说："像我这种政委，死了，上级马上就能找人替。你是唯一的工程师，死了就没人替了。"接着，慕生忠命令驾驶员开车。木桥虽然被汽车压得吱吱作响，但还是承受住了汽车的重量。顺利过桥后，慕生忠举目凝神，环顾四野，只见天苍苍地茫茫，有一种身处"天之涯、地之角"的感觉，即兴提出：此桥就叫天涯桥。这就是青藏公路上第一座桥梁——天涯桥的故事。如今此桥已改名昆仑桥。

1954年12月15日，慕生忠和2000多名筑路英雄用了7个月零4天的时间，在"世界屋脊"青藏高原上，穿越了25座雪山，从无到有修筑了1283公里的高原公路。慕生忠带领着100辆大卡车的队伍，2000多名筑路英雄，从羊八井直接抵达青藏公路的终点——拉萨。这群筑路英雄用他们的血汗，在人类生命禁区的青藏高原上修出了一条"天路"。慕生忠也成为有史以来第一个坐着汽车进拉萨的人。

青藏公路的建成通车，对青海和西藏的经济发展和社会稳定，发挥了重要作用。在建成后的大部分时间，青藏公路承担着 85% 以上进藏物资和 90% 以上出藏物资运输任务，被誉为西藏的"生命线"（图 3-1-20）。

图 3-1-20　1957 年，运载食品、茶、药品等物资的卡车到达拉萨布达拉宫广场

（四）悲壮的修建、伟大的牺牲——川藏公路

讲完青藏公路的故事，再来说说川藏公路。1950 年 5 月，在毛主席的指示下，时任十八军参谋长的陈明义成立了川藏公路修建司令部，并火速组建了一支筑路部队。1953 年，陈明义率领的筑路部队已经打通了川藏公路四川的全部路段，开始往西藏境内延伸。这时，出现在陈明义与战士们眼前的，不再是崇山峻岭，而是蜿蜒在悬崖峭壁之间、水流湍急的大江——怒江。

当时筑路团队面临着技术、设备以及环境等方面的巨大挑战，战士们只能用手和凿子在悬崖峭壁上摸索，造出一座跨怒江的大桥。怒江两侧是悬崖峭壁，下面的江水滔滔不绝，如果碰上下雨天，好不容易搭建起来的桥梁框架还很容易被汹涌的洪水冲走。第一座跨怒江大桥长度仅有 74 米。但为了这 74 米，解放军战士们牺牲了 30 多人，整整一个排的战士们长眠于怒江中 [图 3-1-21（左）]。

怒江大桥只是整个川藏公路上的一座桥。当年为了修建川藏公路，平均每公里就埋着两位筑路英雄的尸骨。怒江大桥和川藏公路的修建过程是相当悲壮的。当年战士们在条件万分艰苦的情况下，靠着拼命努力和不畏牺牲的精神，修建出了又一条"天路"。

如今在旧的怒江大桥旁边又修了新桥。车辆通过新桥时，能看见保留的一个旧桥的桥墩。在张小康的《雪域长歌》里，详细记述了他的父辈们与西藏的故事，其中就提到这个旧桥墩。当年有一位名叫刘继春的战士因连续作业导致身体疲劳，不慎掉进正在灌注的水泥桥墩里，战友们想尽一切办法也未能将其救出，最后只能含泪将他筑进了桥墩里面[图 3-1-21（右）]。

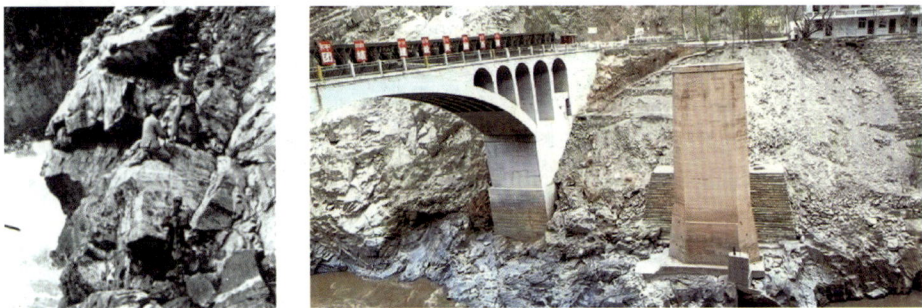

图 3-1-21　战士们在怒江畔凿山开路（左），新怒江桥和保留的旧桥桥墩（右）

当怒江大桥的修建事迹传遍大江南北时，无数人来到此地，缅怀为修建大桥而牺牲的英雄。在怒江大桥的桥头，"英雄阵地"四个大字，将会被人们永远铭记。

第二节　快速发展——改革开放到 20 世纪末

改革开放初期，随着我国国民经济的快速发展，公路客货运输量急剧增加，公路建设长期滞后所带来的供需矛盾越发凸显。

改革开放为我国公路的发展提供了理念、政策、体制机制、技术和资金支持，使中国公路事业在此后的 30 年里取得了举世瞩目的成就。到 2000 年，中国公路总里程已达到 348 万公里，比改革开放初增加了近 3 倍。高速公路实现零的突破，达到 1.6 万公里，跃居世界第三。运输全面紧张状况得到缓解，交通瓶颈得到改善。

▎公路大事记▎

- ・ 表示公路建设项目的事件
- ➤ 表示公路政策法规的事件
- ❖ 表示公路规划的事件

❖ 1981 年，国家计委、经委和交通部联合发出《关于划定国家干线公路网的通知》，共划定 70 条国道，规划总里程达 11 万公里。这是我国历史上第一个得到国务院认可的国家级干线公路网规划，标志着我国公路发展进入了构建全国性干线公路网的历史新时期。

・ 1983 年，天山公路独山子至库车段通车。这条公路是国防公路，也是如今独库公路（217 国道）的早期形态。它使得南北疆路程由原来的 1000 多公里缩短了近一半，是中国公路建设史上的又一座丰碑。为了修建这条公路，数万名官兵艰苦奋战 10 年。168 名筑路英雄为这项事业献出了宝贵的生命。

➤ 1984 年，国务院出台了征收车辆购置附加费，提高养路费收费费率和实行贷款修路、收费还贷三项政策。这些政策为公路快速发展提供了资金保障。

・ 1984 年，我国大陆首条开工建设的高速公路——沈大高速公路开始施工。

➤ 1987 年，国务院颁布《中华人民共和国公路管理条例》。该条例针对放开搞活过程中出现的问题，有效规范了公路管理。

・ 1988 年，我国境内首条建成的高速公路——沪嘉高速公路通车。

・ 1990 年，"神州第一路"——沈大高速公路全线通车。该路于 1984 年 6 月开工，沈阳至鞍山段和大连至三十里堡段于 1988 年 10 月开始收费运营，1990 年全线通车。

➤ 1990 年，交通部制定发布《公路路政管理规定（试行）》。该规定加强了公路路政管理，保障公路完好畅通。

・ 1991 年，太行山锡崖沟挂壁公路通车。

❖ 1993 年，《"五纵七横"国道主干线系统规划》正式印发，总里程约 3.5 万公里。国道主干线系统是在普通国道基础上，增加的一个更加注重

"高效"的新层次。

· 1993 年，我国境内经国务院批准的第一条高速公路——京津塘高速公路通车。

· 1994 年，墨脱公路实现"粗通"，但通车后很快就因自然灾害而损毁。

· 1994 年，107 国道（北京—香港公路）成为我国"文明样板第一路"。

· 1995 年，轮台至民丰沙漠公路通车，这是世界上在流动沙漠中修建的最长等级公路。

· 1996 年，我国最繁忙的高速公路——沪宁高速公路通车。

· 1996 年，我国第一条山区高速公路——太旧高速公路通车。

· 1996 年，第一条利用港资建设的高速公路——广深高速公路通车。

➤ 1998 年，《中华人民共和国公路法》正式实施，确立了公路在国民经济和社会中的法律地位，有利于促进公路事业的顺利发展。

➤ 1998 年，为应对东南亚金融危机的不利影响，党中央、国务院作出了"加快各项基础设施建设"的决定，公路建设进入了快速发展的轨道。

· 1999 年，我国第一座跨径超千米的特大型悬索桥——江阴长江大桥通车。它是 20 世纪中国桥梁工程建设的里程碑，跻身世界桥梁前列。

· 2000 年，京沪高速公路通车，对华北、华东地区的经济发展起到了重大作用。

一、悬崖上人工开凿 30 年才通车的挂壁公路

挂壁公路是在悬崖峭壁上人工开凿而出的公路。这类工程之险峻艰难，在中国乃至世界筑路史上都是罕见的。为了施工方便和开通后取自然光照明，挂壁公路多贴壁而凿，相隔十余米会旁开一个侧窗。从远处望去，这一线侧窗勾勒出隧洞的走向。在 800 里巍巍太行中，共凿有 7 条挂壁公路，其中工程量最大、历时时间最长，也最为壮观的，当属锡崖沟挂壁公路（图 3-2-1）。

图 3-2-1 锡崖沟挂壁公路

锡崖沟地处太行山腹地，位于山西晋城陵川县境最东端，晋豫两省交界处。锡崖沟居民为走出大山，靠自己的一双手，自力更生、艰苦奋斗30 年，用锤子和钎子，在悬崖峭壁上开凿出一条长达 7.5 公里长的"挂壁公路"，造就了闻名华夏的"锡崖沟精神"。

（一）与世隔绝的山村

锡崖沟位于太行深处，由 17 个自然村组成，200 多户人家，800 多口人。他们的祖先由于古代战乱和灾荒而逃进山里。这里四山阻隔，上山下山全是悬崖绝壁。千百年来，他们过着自生自灭、近乎与世隔绝的生活，在沟里开荒、种地、植树、放牧、砍柴。当地解放后，他们也向往新生活。但闭塞的生存环境，让他们无法摆脱困境。大批的水果烂掉，大量的药材只能留在山中充当柴火，成群的猪羊赶不出山。人们生了急病，也会因为交通不便错过治疗时机。

1962 年，一位县委副书记来这里下乡，骑着马走到崖头也找不到下山的路，回去以后给锡崖沟拨了 3000 元用于修路。从此，锡崖沟人便开始了艰难而漫长的修路历程。

（二）百折不挠的修建过程

第一次，当地群众在悬崖上抠出的一条小道，只允许胆大的人走。村里有人试图赶猪出山，结果赶了 27 头猪，走了一里多地就摔死了 13 头。

第二次，又换了一个方向修路，修到半途无法前进，反而引得山上的狼进了村，便称此路为"狼道"。

第三次，当地群众想凿一个洞钻出去，结果打了100米，渣也不好出，烟也无法排。交通局技术员说："以你锡崖沟的条件，80年打不通，5代人不受益。"结果这个洞变成了"羊窑"。

整整20年的辛苦付出，一次次向希望的冲击都被失望打败。屡战屡败，锡崖沟居民走到了绝望的边缘。1982年，改革的春风也吹进了藏在太行山深处的锡崖沟。"要想富，先修路"，锡崖沟党支部再一次鼓足精神，带领村民擂响了劈山筑路的战鼓。这次，他们请来工程师制订了沿王莽岭山壁"依山就势、顺崖凿洞、天窗排渣、螺旋上升"一套大胆创新的筑路方案。大家都义务修路，吃自家的饭，不挣一分钱。为了能与外界连通，他们再一次不分昼夜地手工开挖峭壁修路。

1984年秋，当3公里的盘旋明路修到山腰时，却被巨石挡住去路。居民们没日没夜地开山凿石、打眼放炮，硬是用虎口拔牙的办法，凿开了一个个洞口，在没有任何机械设备的条件下，打通了长达130多米的第一个岩石山洞。

1990年农历十一月初三（12月19日），60多岁的老支书董怀跃只身排除哑炮时发生意外，和冲上去救他的村民宋双宝一起倒在了炮响后的硝烟里，血染尚未修通的道路。这位修路30年的锡崖沟老支书和年轻小伙宋双宝，就这样把他们的生命献给了悬崖绝壁修路之梦。这一年的春节，锡崖沟没有灯笼、没有对联，只有人们一行行控制不住的泪水和对英雄的缅怀。

（三）整整30年终于通车

1991年6月10日，修了整整30年的锡崖沟公路终于打通了。全村人一早就来到出山的洞口，静静望着黑乎乎的山洞深处。一辆卡车从山洞轰鸣而出。那一刻，先是沉寂，然后突然"哇"的一声，全村老少竟抱在一起失声痛哭……

锡崖沟村民沸腾了，这是自他们的祖先定居在这山谷中以来，最痛快的一天。人们去老支书的坟上敬上一杯酒，告诉他：路通了……

　　漫漫 30 年，锡崖沟以几代人的奋斗，用鲜血生命结束了一段千年来沉重的历史。仅凭着三尺钢钎和一双手，攀悬崖、凿峭壁，硬生生在悬崖峭壁上开凿出了一条绝壁天路。在险峻的太行山腹地，锡崖沟公路呈"之"字形盘旋而下，落差 600 多米（图 3-2-2）。如今的锡崖沟已经成为一个著名景区，被定为山西省德育教育基地。锡崖沟挂壁公路的修通，留给我们的不仅仅是一条公路，更诞生了"自力更生，艰苦奋斗，百折不挠，勇于奉献"的锡崖沟精神。锡崖沟公路的建设过程，正是改革开放时期中国人民不惧艰难、勇于开拓精神的写照。

图 3-2-2　挂壁公路内部

二、最难修建的公路——墨脱公路

　　如果要评选我国境内最难修建的公路，那么墨脱公路当之无愧。它的修建结束了中国最后一个县不通公路的历史。短短 117 公里的墨脱公路耗费了筑路人 38 年的时间。该路不断修建，却又不断被损毁。下面让我们一起了解一下墨脱公路的艰辛修筑历程。

（一）秘境莲花

　　在西藏自治区的东南部，雅鲁藏布江下游，喜马拉雅山脉南麓，镶嵌着一颗耀眼的绿色明珠——墨脱。在藏语中"墨脱"又称"白玛岗"，大意为"秘境莲花"。《中华大藏经》中写道:"佛之净土白玛岗,圣地之中最殊胜。"在平均海拔超过 4000 米的青藏高原,墨脱县平均海拔却只有 1200 米,四周环山、沟壑纵横、北高南低,拥有从高山寒带到热带雨林的自然景观。区内最高峰南迦巴瓦峰海拔 7782 米,南缘巴昔卡海拔仅 155 米,短距离内相对高程达 7000 多米,形成世所罕见的"一山显四季,十里不同天"的极端地貌景观。

此外,墨脱县地处喜马拉雅断裂带,山体滑坡、泥石流、雪崩、冰川、水毁等自然地质灾害遍布其境,每年封山达 9 个月之久。"山顶在云间,山底在江边。说话听得见,走路得几天",是对当年墨脱交通的真实写照。由于没有与外界连通的公路,长期以来墨脱县人民出行全靠双脚和牲畜背驮(图 3-2-3)。

图3-2-3 旧社会墨脱群众过江的"藤网桥"(左)和
旧社会墨脱群众赤脚徒步爬山背运物资(右)

(二)最初的尝试

墨脱公路寄托了无数人的血汗和梦想。

20 世纪 60—90 年代,为了打通通往墨脱的交通通道,党和国家倾注了大量心血,先后四次投资修建墨脱公路,最终因复杂的地形、地质和气候条件,以及当时的人力物力限制,没能完全成功。

1961 年 10 月,墨脱开始进行公路踏勘工作。1965 年,开始建设从白帕隆老虎嘴沿帕隆藏布江、雅鲁藏布江通往墨脱的道路。这是墨脱公路的第一次修建。墨脱位于雅鲁藏布大峡谷中,板块结合缝前缘部位构造极不稳定，途经五处断裂带，地震活动强烈（每天都有地震，平均每星期发生一次有感地震）。这里山区降雨最大可达 4000~5000 毫米，其强度在全世界也是罕见的。地质不稳导致泥石流多发，工程设施塌方损毁严重。在深切峡谷地段，水流湍急，侵蚀作用强烈，工程面临严重的水毁及边坡灾害。艰险的地质状况和恶劣的气候条件，加上工程实力有限，导致此次公路修建很快就停滞下来。

1975 年，我国再次尝试修建墨脱公路，这次选择的线路是扎墨线，修建历时 6 年，粗通约 100 公里。其间施工队伍经历多次灾害，牺牲 34人，上百人重伤。甚至前来修建公路的武警战士都提前写好了遗书。但这次建成的道路很快又遭到严重损毁。除扎木大桥及扎木至嘎隆寺段能使用外，其余路段均告废弃。

1994 年，在大量物力财力的支持下，一条泥土公路终于修成，实现了墨脱公路的"粗通"，汽车也第一次开进墨脱县城。有人这样描述当时的情形："当时基本是边修路，边开车，并且经常需要人力推拉汽车。汽车进了县城，县里男女老少都拥过来像是看怪物一样。一个从未见过汽车的孩子吓得哇哇大哭。"但由于当地地质构造极不稳定，通车庆典的第二天下起暴雨，部分路段很快就毁于大面积的塌方和泥石流。这样，第一辆开进墨脱的大货车就长久留在了墨脱，没能返回（图 3-2-4）。

图 3-2-4　第一辆开进墨脱的大货车被遗留在墨脱县

1995 年以后，西藏自治区每年投入资金，在旱季对墨脱公路损毁路段进行整治，勉强实现"旱季南通北阻，雨季北通南阻"的分季节、分路段临时性通行。而且无论如何改造，每年只能通车 4 个月。

（三）历经 38 载终圆梦

到 2001 年，我国再次针对墨脱公路进行可行性研究和勘测。在这之后的 8 年时间里，经过烦琐的测绘和多方的论证，墨脱公路（扎墨公路）于 2009 年 4 月再次开始施工。路线起于波密县扎木镇，跨越波斗藏布江、金珠藏布江等 6 条江河，隧道穿越嘎隆拉雪山，经米日和马迪村，最终到达墨脱县城莲花广场，全长约 117 公里。

2010 年 12 月 15 日上午 10 点整，伴随着最后一声炮响，嘎隆拉隧道成功贯通，南北两侧相向掘进的建设者们胜利会师，他们欢呼跳跃、相拥而泣。这是世界上最长的冰川地区公路隧道。在这种地质条件复杂、自然灾害频发、气候条件恶劣的冰川断裂带上修建隧道，是极为困难的。此前，这条公路一年中有 8 个月时间无法通行。嘎隆拉隧道的贯通，打开了墨脱通往世界的大门，墨脱公路的可通行时间也大大延长。

2013 年 10 月 31 日，在海拔 2100 米左右的西藏墨脱县达木乡波弄贡村，西藏自治区主席洛桑江村宣布：墨脱公路正式通车。以前从波密到墨脱要走一个多月，如今 3~4 个小时就可以抵达。这标志着墨脱县正式摆脱"全国唯一不通公路县"的历史，世代墨脱人期盼的"快捷平安走出大山"终于实现（图 3-2-5）。

图 3-2-5 扎墨公路

因为当地地质灾害频发，墨脱公路通车之后，公路通行也面临艰巨的考验。扎墨公路在 2014 年 7 月发生 43 处塌方；2015 年 8 月发生 9 处泥石流；2016 年 4 月发生 7 处较大泥石流；2017 年 3 月接连发生 10 余起雪崩……为了保障墨脱公路的畅通，2013 年 8 月根据西藏自治区交通运输厅的安排部署，林芝公路局扎木机械化养护队成立，承担墨脱公路的养护管理任务。养护队职工发扬"西藏养路工精神"——"人在路上，路在心上，甘当路石，奉献终生"，克服了地质地貌复杂、降水量大和工作条件差等重重困难，爬险坡、穿隧道，用繁复艰辛的劳作确保养护的路段畅通。在养护队的艰苦奋斗下，如今墨脱公路已基本实现在无重大自然灾害发生时，全年可通行 8~10 个月。

2022 年 5 月 16 日，继扎墨公路之后，第二条通往墨脱县的交通要道——林芝市米林县（今米林市）派镇至墨脱县的派墨公路全线贯通（图 3-2-6）。至此人们可以以环线的方式，稳定地进出墨脱县城。

图 3-2-6　派墨公路

修建墨脱公路是中国乃至世界交通史上极为艰难的一段历程。在此期间，几代中国公路建设者们浴血奋战，发挥甘于吃苦、勇于创新、善于协作、不畏风险的精神，付出了常人难以想象的心血，创造了新中国筑路史上的又一奇迹。

三、中国的"一号公路"

在中国"一号公路"应该指哪条？

高速公路是高等级公路的代表，可能很多人会认为，我国的"一号公路"应该是中国的第一条高速公路。当然也有人会说，"一号公路"应该是编号为 1 的公路，比如 G1 或者 G101。还有人说，中华文明起源于黄河，代表黄河的公路应该是"一号公路"。

（一）中国第一条高速公路的故事

中国境内高速公路的建设始于20世纪80年代。那时候正值改革开放初期，社会各界对修建高速公路都非常关注，对于"中国要不要修建高速公路"的意见并不统一。1984年，《人民日报》《经济日报》相继发表文章，认为高速公路的社会和经济效益良好，我国需要修建高速公路。但仍有反对的声音，认为高速公路属于专为小汽车服务的"高消费"产品，我国当时小汽车少，用不着花费巨资、占用大量土地建设高速公路。

中国境内最早修建的3条高速公路，各有各的故事。基于当时的社会环境，全国各地大胆创新，积极尝试建设高速公路。1984年，沈（阳）大（连）公路按照一级汽车专用公路的标准开工建设，建成后已具备高速公路技术标准。沪（上海）嘉（定）、西（安）临（潼）、广（州）佛（山）3条高速公路长度均不足20公里。按当时的规定，长度在20公里以内的高等级公路，可不按高速公路程序审批。1984年5月7日印发的《中共中央、国务院关于天津港实行体制改革试点的批复》中，明确要加快修建京津塘高速公路，这是中国境内经国务院批准修建的第一条高速公路。

1988年当之无愧地成为中国境内高速公路的"元年"。10月31日，沪嘉高速公路一期工程通车［图3-2-7（左）］。11月4日，辽宁沈大高速公路沈阳至鞍山和大连至三十里堡两段建成通车［图3-2-7（右）］。到1988年底，中国境内高速公路总里程达到147公里，实现了零的突破，彻底结束了中国境内没有高速公路的历史。

图3-2-7　刚开通的沪嘉高速（左）和刚开通的沈大高速（右）

如今的沪嘉高速公路，编号为 S5，南起上海市区的中环沪嘉枢纽，北至嘉定南门枢纽互通，全长 18.5 公里。

沈大高速公路被誉为"神州第一路"，曾经被写入中学历史教科书。沈大高速公路由我国完全自主设计建造，而且全部采用国际建造标准。2004 年，沈大高速公路从原来的四车道变成了双向八车道，成为中国境内的第一条八车道高速公路。作为中国境内第一条经国务院批准建设的高速公路，京津塘高速公路创造了多个中国高速公路建设史上的"第一"：第一条按照现代化高速公路要求进行设计和施工的大型公路工程项目；第一条利用世界银行贷款并按国际标准建设的高速公路；第一条按照 FIDIC（国际工程师咨询联合会）条款对工程建设实施全面科学管理的高速公路；第一条按企业法人责任制实现筹资、建设、管理、运营、还贷全过程责任管理模式的高速公路（图 3-2-8）。

（二）中国的"一号公路"们

除了建设时间最早的高速公路外，很多人认为编号为 1 的公路才是真正的"一号公路"。比如，高速公路 G1——京哈高速公路，起点为北京，终点为哈尔滨，2000 年全线通车。京哈高速公路线路全长 1209 公里，贯穿北京、天津、河北、辽宁、吉林、黑龙江 6 个省市（图 3-2-9）。

图 3-2-8　1993 年建成的京津塘高速公路

图 3-2-9　G1 京哈高速长春段美景

还有编号为1的国道——G101京沈线，起点为北京市东城区，终点为沈阳市皇姑区，途经北京、河北和辽宁，全程909公里［图3-2-10（左）］。

编号全部为1的国道——G111京漠线，起点为北京市东直门桥，终点为黑龙江省漠河市，途经北京、河北、内蒙古、黑龙江，全程2412公里［图3-2-10（右）］。

图3-2-10　G101承德段沿线风景（左）和G111北京段沿线风景（右）

各省（区）也有编号为1的公路S101。其中新疆的省道S101是自驾游客特别青睐的网红公路。这条公路是20世纪60年代为备战备荒而修建的天山公路，起于乌鲁木齐市南，终点在独山子巴音沟口，全程约300公里。其中，K33~K36公里间的路段色彩最为丰富。这里属于地震断裂和风蚀地带，各色岩石、黄土构成了沿途壮美多彩的峡谷风光。行驶在公路上，可谓一步一景，风景独特（图3-2-11）。

图3-2-11　新疆S101公路美景

（三）黄土高原上的"一号公路"

中华文明起源于黄河。黄河是中华儿女的母亲河，也是中国文化的代表。所以，有不少人提议沿黄公路为中国的"一号公路"（图 3-2-12）。沿黄公路是一条纵贯陕西南北，沿着黄河修筑在黄土高原上的公路。北起府谷县墙头乡，南至渭南华山脚下，途经 4 市 12 县。它如黄河边上的一条绚丽的丝带，串联起了黄河沿岸散落的明珠。在 828 公里的路途中，连通了壶口瀑布、洽川湿地、潼关古城、华山、乾坤湾等著名景点。

图 3-2-12　沿黄公路延安段从黄河伏寺湾前穿过

第三节　走向辉煌——21 世纪初至今

进入 21 世纪，中国公路建设围绕全面建设小康社会的战略部署，积极探索实践科学发展之路。公路行业抢抓 2008 年积极财政政策下的发展机遇，顺应中国加入世贸组织的形势变化，转变发展理念，更加重视公路建设、养护和管理的协调发展。特别是党的十八大以来，全国公路行业贯彻落实新发展理念，凝心聚力、不辱使命，当好中国式现代化的开路先锋，使我国公路建设全面迈入高质量发展阶段。

公路交通事业的持续快速发展，使中国公路对经济社会发展的支撑能力大幅跃升，增强了人民群众在公路领域的获得感、幸福感、安全感。到 2020 年，全国公路总里程达到 520 万公里，路网规模居世界第三位，其中高速公路通车里程达到 16.1 万公里，规模稳居世界第一位（图 3-3-1，

图 3-3-2）。高速公路基本覆盖了城区人口 20 万以上的城市及地级行政中心，连接了全国约 90% 的县级行政区和超过 95% 的人口；普通国省道广泛连接全国县级及以上行政区、重要乡镇、产业园区、交通枢纽及旅游景区；农村公路全面覆盖广大农村地区，具备条件的乡镇和建制村全部通硬化路和客车。高速公路结合城市道路，已连接我国所有民航机场、高铁车站和重要的铁路客运站；二级及以上公路连接了全国重要的铁路货运站和编组站、沿海和内河主要港口重要港区。

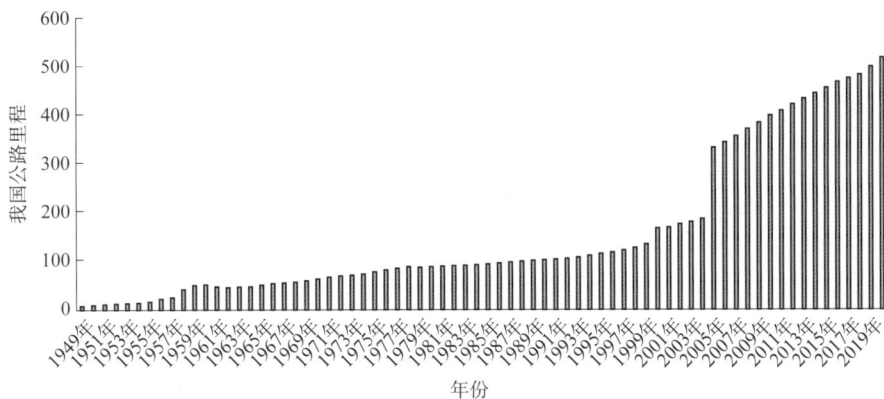

图 3-3-1　1949—2020 年我国公路里程发展情况（单位：万公里）[1]

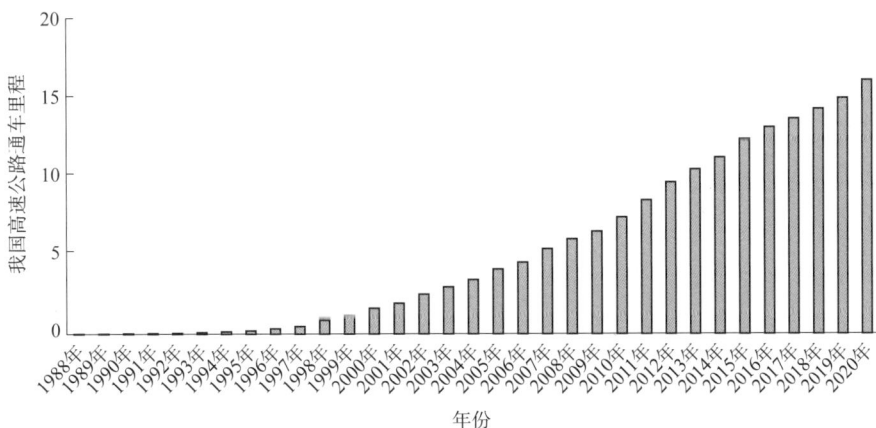

图 3-3-2　1988—2020 年我国高速公路通车里程（单位：万公里）

---

[1] 2005 年起村道计入公路里程。

未来，我国公路交通的发展将在《交通强国建设纲要》和《国家综合立体交通网规划纲要》的指引下，为我国由交通大国向交通强国迈进奠定坚实基础，向着"两个一百年"奋斗目标和中华民族伟大复兴的中国梦，脚踏实地地砥砺奋进。

┃公路大事记┃

· 表示公路建设项目的事件
➢ 表示公路政策法规的事件
❖ 表示公路规划的事件

· 2003 年，榆靖高速公路通车。这是我国第一条沙漠高速公路。

➢ 2004 年，《中华人民共和国收费公路管理条例》和《中华人民共和国道路运输条例》出台，有效促进了公路事业的发展。

❖ 2004 年，《国家高速公路网规划》经国务院常务会议审议通过。这是我国第一个针对高速公路网的国家级规划。

❖ 2005 年，《全国农村公路建设规划》出台。该规划着眼于解决"三农"问题，将不同建设时期的建设任务汇集起来，在明确目标、规模和时序的前提下，量力而行地落实建设重点。

· 2007 年，秦岭终南山隧道通车，使中国南北分界线秦岭变通途。隧道位于陕西省境内，是一条连接西安市与商洛市的穿山通道，为 G65 包茂高速公路组成部分。这是当时世界最长的双洞单向公路隧道。

❖ 2007 年底，"五纵七横"国道主干线基本贯通。

➢ 2009 年，实施成品油价格和税费改革，全国统一取消公路养路费等六项收费，并逐步有序取消政府还贷二级公路收费。实行费改税是此次成品油价税费改革的基本考虑，也是此次改革最重要的成果。另外，可以调节燃油消费，促进节能环保。

· 2010 年，G50 沪渝高速公路通车。它是贯穿长江经济带的一条东西方向主干线。其中湖北段是国内工程规模最大、建设周期最长、地质最为复杂、施工最为艰难的高速公路，也是当时世界上难度最大的高速公路建设项目。

➤ 2011 年，《公路安全保护条例》发布。该条例加强了公路保护，有效保障了公路的完好、安全和畅通。

• 2012 年，雅西高速公路通车。该公路拥有我国首座公路螺旋隧道。

• 2012 年，中国高速公路通车里程首次居世界第一，并保持至今。

❖ 2013 年，《国家公路网规划（2013 年—2030 年）》获国务院批准。自此，国家高速公路与普通国道有了系统规划。

• 2013 年，墨脱公路（扎墨公路）通车，我国真正实现了县县通公路。

➤ 2014 年，习近平总书记作出重要批示，要求把农村公路"建好、管好、护好、运营好"①。

• 2014 年，连霍高速全线通车。该公路是中国最长的高速公路。

• 2017 年，包茂高速全线贯通。该公路从内蒙古包头至广东茂名，为我国国家高速公路网北南方向主干线之一。

• 2017 年，共玉高速公路通车。这是我国首条穿越青藏高原多年冻土区高速公路、通往玉树地区的"生命线"公路通道。

• 2018 年，港珠澳大桥通车。这是目前世界最长的跨海大桥。

• 2018 年，雅康高速通车。这是我国桥隧比最高的高速公路，桥隧比超过 80%。

❖ 2019 年，中共中央、国务院印发《交通强国建设纲要》。建设交通强国是以习近平同志为核心的党中央立足国情、着眼全局、面向未来作出的重大决策，是新时代做好交通工作的总抓手。该纲要作为建设交通强国的顶层设计和系统谋划，掀开了新时代交通运输工作的新篇章。

• 2019 年，京新高速通车。其中，临河—白疙瘩段是世界最长的沙漠高速公路。

• 2020 年，世界最长海底公路隧道——青岛胶州湾第二隧道开工。

• 2020 年，全国最后一个通公路的建制村——四川凉山阿布洛哈村通客车。这标志着我国全面实现具备条件的乡镇、建制村 100% 通客车。

❖ 2021 年，中共中央、国务院印发《国家综合立体交通网规划纲要》，要求加快建设交通强国，谋划构建现代化高质量国家综合立体交通网，支撑现代化经济体系和社会主义现代化强国建设。

- 2022年，第二条通往墨脱县的交通要道——派墨公路全线贯通。
- 2022年，杭绍甬高速公路通车。其中，杭绍段预留设计时速达到140公里。

❖ 2022年，《国家公路网规划》印发，擘画了面向现代化的国家公路网发展新蓝图，将有力支撑构建现代化高质量国家综合立体交通网，为充分发挥交通的中国现代化开路先锋作用打下坚实基础。

一、公路规划的百年故事

凡事预则立、不预则废。

"规划"一词直接出现于《新编五代史平话·周史》卷下："世宗乃自往视，授以规划，旬日而成，用工甚省。"其中"规划"有"筹谋策划"之意。

公路网规划是指对一个国家或地区公路建设发展所作出的全面、长远的安排。公路网规划的主要任务是通过对公路网发展状况及其对经济社会发展适应性的分析，分析公路网发展存在的主要问题，根据未来经济社会发展趋势和交通运输需求，结合工程建设条件、环境保护、土地资源等因素，确定公路网发展目标、空间布局和技术标准，并提出公路网建设总体安排。

要建设一个理想的公路网络，就离不开好的公路网规划。百年以来，我国公路通过一次次公路网规划，在中国共产党的领导下，不仅实现了革命先行者孙中山先生曾设想过的建设蓝图，而且已经跻身世界一流水平。

（一）中华民国时期的3个国道网规划

100年前，孙中山写出《建国方略》（图3-3-3），其中提到要建设160万公里公路。这一雄心勃勃的国家公路建设规划，在当时中国积贫积弱的现实条件下，最终未能付诸实施。

图 3-3-3　孙中山《建国方略》

后来的北洋政府和国民政府也提出一系列的公路网规划。然而，从1912年到1949年新中国成立前，中国基本处于分裂和战争状态，这些规划终究只能停留在纸面。

1919年，北洋政府内务部工程司提出51条国道网方案，总里程4万公里。该道路网充分利用清代官道、大路，路基宽15米，计划10年完成。

1928年，国民政府交通部公布"四经三纬国道网"，总里程4.1万公里，计划10年完成。这个规划继承了孙中山《建国方略》中以兰州为全国公路中心的思想，形成"米"字形。4条经线穿过兰州，直达边陲；3条纬路环绕中心，贯穿各大城市。这个规划偏离东南沿海的现代工商业中心城市，发挥的作用有限。处于半分裂状态的中国，全国统一的道路网络难以形成。

1946年，抗战胜利后国民党政府交通部公路总局提出"四基五经六纬国道网"，规划总里程6.1万公里，以重庆、武汉和西安为内环的三个中心，向南京、广州、昆明、兰州和北平（今北京）五个节点延伸，构成国道网的基线，并由这五个节点延伸至其他重要节点。这个方案覆盖重要城市、港口和工业基地，比1928年的规划更具科学性。但是由于战争，这个规划没有全面实施。

（二）建设国道的百年梦想终于实现

改革开放前，我国公路交通规划处于起步阶段，以短期规划和中期发展规划为主，发展思想、理念和政策措施主要体现在五年建设计划中。交通部曾多次启动干线公路网规划工作，但由于受当时资金、体制等诸多因素的制约，这些规划只能停滞在研究阶段。

党的十一届三中全会开创了中国改革开放的历史新时期。经济体制改革的逐步推进打破了计划经济体制的束缚，极大地激发了经济活力，促进了国民经济的快速发展，带动了人员、物资流动规模的快速增长，尤其是适应市场经济机动灵活要求的公路运输需求大幅增长。在区域经济发展方面，国家采取鼓励东部地区率先发展的战略，加大了对东部地区的政策倾斜，资源、劳动力等生产要素加速向东部地区集聚，人员、物资的跨区域流动规模快速增长。

　　1981 年，一套雄心勃勃的干线公路网络规划方案应运而生，70 条规划线路，里程 11 万公里，每一条均以字母"G"为标识，使用 3 位数字统一编号，人称"国道网"（试行方案）①。"国道网"是在各省（区、市）既有公路基础上划定而成，采用了放射与网格相结合的布局形式。该方案规划的公路包括：12 条以数字"1"开头，从北京向四面八方铺开的首都放射线；28 条以数字"2"开头，纵向延伸的北南纵线（试行方案中规划纵线 28 条，后来调整中取消 1 条）；30 条以数字"3"开头，横向展开的东西横线（试行方案中规划横线 30 条，后来调整中取消 1 条）。这一方案是我国历史上第一个得到国务院认可的国家级干线公路网规划，标志着我国公路发展进入了构建全国性干线公路网的历史新时期。

　　到了 20 世纪 80 年代中后期，我国公路交通的瓶颈制约状况进一步加剧，"行路难"问题成为当时国民经济的突出矛盾（图 3-3-4）。汽车、非机动车以及行人混行，交通事故居高不下，道路阻塞严重，全国干线公路汽车平均时速仅为 37 公里。因此，尽快构筑具有更高水平的快速公路系

图 3-3-4　20 世纪 80 年代，汽车翻越 108 国道陕西省宁强县五丁关时发生拥堵的场面

统，建设"快速运输、汽车专用"的公路主干线，成了当时迫切的要求。

　　1992 年，以"五纵七横"为特征的"国道主干线公路系统"登场，总里程 3.44 万公里。这个公路网络系统贯通首都、各省（区）省会（首府）、直辖市、经济特区、主要交通枢纽和重要对外开放口岸，连接了全国所有人口 100 万人以上的特大城市和 93% 的人口 50 万人以上的大城市。国道主干线公路系统是在普通国道基础上增加的一个更加注重"高效"的新层

---

① 1981 年，国务院批准了《国家干线公路网（试行方案）》，即"国道网"（试行方案），其中规划的公路也就是通称的"普通国道"。

次，使我国国家级干线公路开始由单一层次的"干线公路"向"主干线公路网 + 一般干线公路网"两个层次转变（图3-3-5）。

图 3-3-5　国道主干线公路系统

（三）"7918"绘就中国高速公路网

20世纪90年代，我国进入了日新月异的发展时代，人口快速流动，经济高速发展，春运客运量迅速突破7亿人次。也正是在这一时期，铁路的运力紧张、一票难求，令其客运份额连年下跌，至1994年时占比已低于10%（图3-3-6）。而这部分损失的客流量，几乎全部涌入了公路。

然而，当时公路上机动车、非机动车、行人相互交叉混行，通行能力大幅降低，普通双车道的二级公路日均交通量不超过1.5万辆。这就意味着，面对日益沉重的运输压力，建设

图 3-3-6　1998年春运时期的广州火车站

"更宽、更快、更强"的公路势在必行。这一使命最终被寄托在高速公路之上。

到1997年底，全国已有27个省级行政区实现了高速公路"零的突破"。4年后，中国高速公路里程更是跃居世界第二，仅当年春运期间的公路客运量便已接近13亿人次。

散落各地的高速公路效果已经如此立竿见影，那么如果有朝一日高速公路连接成网，又将会是怎样的景象呢？ 2004年，《国家高速公路网规划》正式出炉，一幅振奋人心的图景在人们眼前展开。这次规划充分体现"以人为本"、重点突出"服务经济"、着力强调"综合运输"、全面服务"可持续发展"的理念，设置从北京出发的首都放射线7条、纵贯全国的北南纵线9条、横亘大地的东西横线18条、地区性环线和联络线若干，人称"7918网"，总规模约8.5万公里（图3-3-7）。时至今日，这些"最高等级公路"仍承担了巨大的交通量，成为中国公路系统中的骨干。

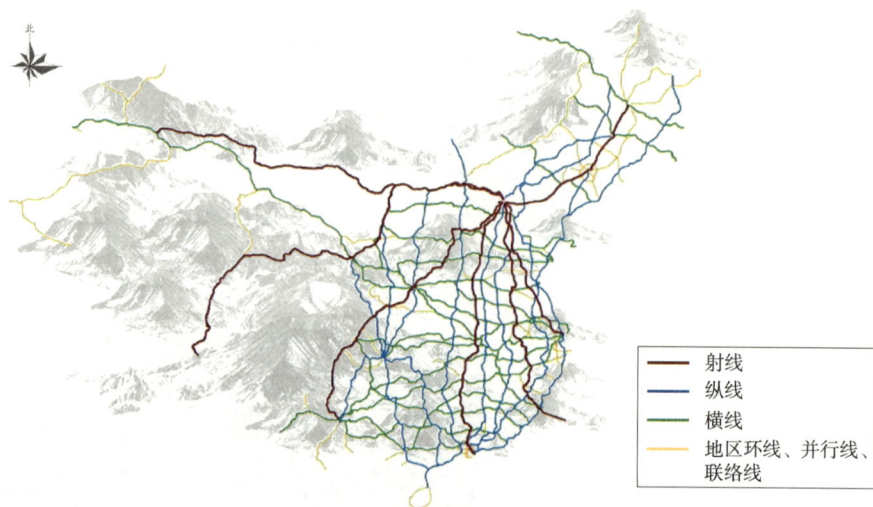

——	射线
——	纵线
——	横线
——	地区环线、并行线、联络线

图3-3-7　2004年《国家高速公路网规划》

另外，我国高速公路建设初期，路线命名由各地根据建设项目路线走向的起点和终点地名而确定。如北京至拉萨的高速公路，北京市命名为八达岭高速公路，河北省命名为京张高速公路，内蒙古命名为呼包高速公路等。这种带有明显地域特征的命名方式，带来了"一路多名"、编号不一等问题，给群众出行特别是跨区域出行带来不便。在《国家高速公路网规划》中，国家高速公路统一了命名方案，极大方便了群众出行。国家高速公路字母标识符仍然以汉语拼音"G"开头，与一般国道一致，但是阿拉伯数字编号采用1位、2位和4位数，与一般国道（3位数）相区别。其中，首都放射线从正北方向开始顺时针编号，区间为G1~G9；纵向路线编号为2位奇数，区间为G11~G89；横向路线编号为2位偶数，区间为G10~G90；联络线为4位数。

（四）与时俱进、系统谋划的国家公路网规划

经过10年发展，国家公路网已经由单一国道网发展为由国家高速公路与普通国道共同组成的基本格局。此时，一方面由于"国道网（试行方案）"和"国道主干线公路系统"编制年代久远，已不再适应当时中国经济社会的快速发展要求，国家公路网规模需要进一步增加，覆盖范围要进一步扩大；另一方面，原有的国家高速公路与普通国道规划是分开进行的，有必要将两者统筹考虑，从而提高规划的系统性、合理性和科学性。在这一背景下，2013年《国家公路网规划（2013—2030年）》出台，对我国公路网的合理架构进行顶层设计，明确提出国家公路网由普通国道和国家高速公路两个路网层次构成，规划路网总规模40.1万公里。

2013年国家高速公路网比2004年规划的"7918网"增加了2条北南纵线，规划总里程从8.5万公里提高到13.6万公里（含展望线），紧密连接中国大陆所有超过20万人口的城市。普通国道网新增北南纵线20条，东西横线31条以及联络线81条，规划总里程从11万公里提高到26.5万公里，实现"首都辐射省会、省际多路连通、地市高速通达、县县国道覆盖"。

《国家公路网规划（2013—2030年）》的出台实施，有力地指导了国家公路的快速发展。各省（区、市）在国家公路网的规划框架下，重新审视省道的功能定位、规模结构、路网布局，根据各地实际情况对省道布局做了多轮调整。这些规划提高了我国公路交通发展水平，完善了国家综合交通运输体系，在支撑经济发展、维护社会稳定、服务改善民生、保障国家安全等方面作出了贡献。

（五）建设交通强国的未来之路

时至今日，我国公路里程世界第三、高速公路里程世界第一，公路发展进入了新的阶段。党的十九大提出建设交通强国战略目标，我国先后发布了《交通强国建设纲要》和《国家综合立体交通网规划纲要》。到2035年，我们要建成"六轴、七廊、八通道"的国家综合立体交通网的主骨架，实现"全国123出行交通圈"，即都市区1小时通勤、城市群2小时通达、全国主要城市3小时覆盖，以及"全球123快货物流圈"，即国内1天送达、周边国家2天送达、全球主要城市3天送达。到21世纪中叶，我们要拥有世界一流的交通基础设施体系，实现"人享其行、物优其流"，全面建成交通强国（图3-3-8）。

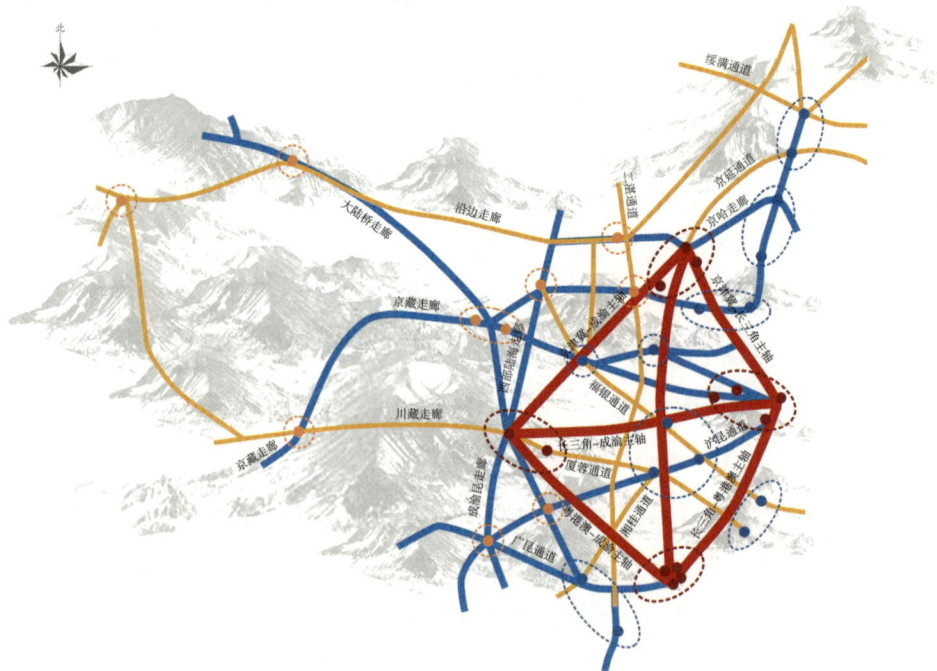

图 3-3-8　国家综合立体交通网的主骨架

公路网是综合立体交通网的重要组成部分，是联系城乡不可替代的基础性交通网络，也是衔接其他各类交通方式和发挥综合交通网络整体效率的主要支撑。2022年7月最新发布的《国家公路网规划》，为我们描绘了这样一幅蓝图，就是要全面建成覆盖广泛、功能完备、集约高效、绿色智能、安全可靠的现代化高质量国家公路网。到 2035 年，国家高速公路全面连接地级行政中心、城区人口超过 10 万的市县，总规模约 16.2 万公里；普通国道全面连接县级及以上行政区，总规模约 29.9 万公里（图 3-3-9）。与《国家公路网规划（2013—2030 年）》相比，高速公路、普通国道净增里程分别为 2.6 万公里、3.4 万公里。

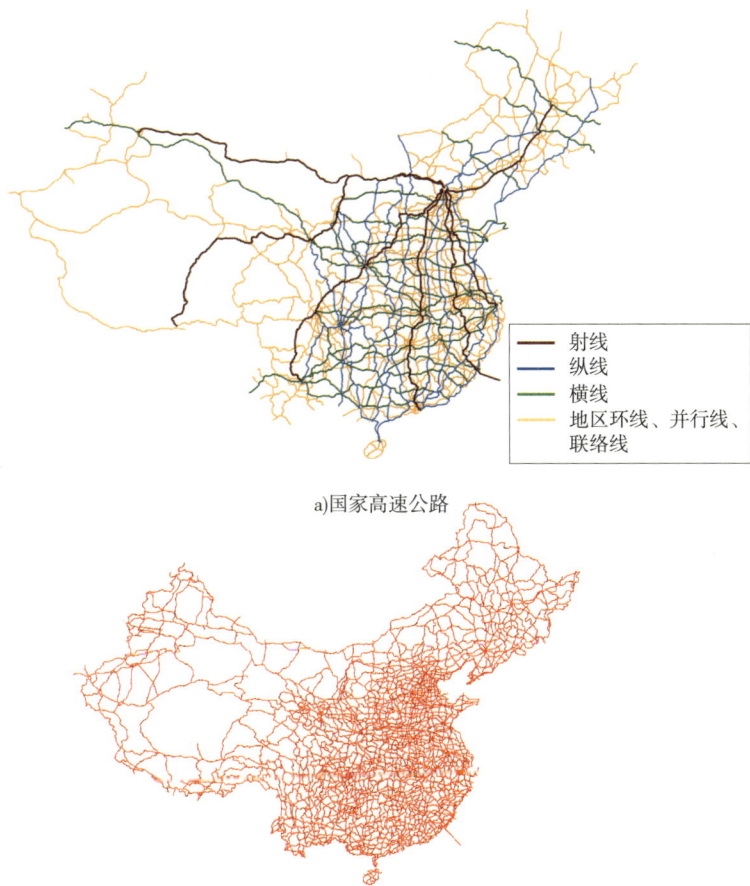

a)国家高速公路

图 3-3-9　2022 版国家公路网规划图的拓扑线路

展望 2050 年，我国将高水平建成世界一流国家公路网，与现代化高质量的国家综合立体交通网相匹配，与先进信息网络相融合，与生态文明相协调，与总体国家安全观相统一，与人民美好生活需要相适应，有力支撑全面建成现代化经济体系和社会主义现代化强国。

我们相信未来公路是更安全的路、更通畅的路、更智慧的路、更绿色的路、更经济的路，"中国公路"也将成为与世界相交、与时代相通的行业品牌。

二、超级工程——巧夺天工的杰作

中国这艘"经济巨轮"的飞速前进，离不开国内发达的交通运输网络的支撑。有着"建设大国"和"基建狂魔"称号的中国，目前已经是全球交通运输最发达的国家之一。我国拥有全球最大的高速公路网络，高速公路系统承担着伴随经济发展而产生的庞大物流运输需求。

短短数十年的时间，中国的工程师和建设者用他们一点一滴的努力，在中华大地上书写下一个又一个奇迹。一座又一座超级公路工程，在广袤的中国大地上拔地而起。

（一）最美隧道——终南山隧道

终南山又称太乙山、中南山，"寿比南山"与"终南捷径"的典故都出于此，也是我国南北的天然分界线。而秦岭终南山公路隧道（简称"终南山隧道"）则是一条连接西安市与商洛市的穿山通道（图3-3-10）。

终南山隧道目前是世界上最长的双洞类高速公路隧道，其单洞长度达18公里，全程穿越需要15分钟。终南山隧道建于2001年，历经6年时间竣工，让中国的公路建设达到了一个新高度。这座隧道的建成，实现了许多技术上的突破，有目前为止世界上直径最大、深度最大的竖井通风工程。

终南山隧道被称为"全球最美公路隧道"。其原因是为了缓解驾驶员在隧道中行驶的视觉疲劳，在保证行车安全的前提下，设计者在该隧道特意设置了最先进的特殊灯光带（图3-3-11）。特殊灯光带共有3条，每条长150米，通过不同灯光和幻灯图案的变化，让驾驶员和乘客可以看到"蓝天""白云""彩虹"等景象。

图 3-3-10　终南山隧道入口

图 3-3-11　终南山隧道内部

这一设计大大地减轻了特长隧道内行车单调的问题，缓解了驾驶疲劳，更使这条平平无奇的隧道变得丰富多彩。不仅如此，隧道侧部顶端的位置，每间隔几米还设置了一个大功率的照明灯，中间的位置则是用于照明、引导的黄色方形的灯具。隧道下端的高台上则有着引道的小灯。从后视镜中可以看到引道灯形成的红色灯线，让人们在通过隧道的时候，拥有视觉上的享受。

这条隧道十分安全，每隔 100 米都设有一部紧急联系电话，以防止人们在隧道之中遭遇手机无服务的情况。同时还设有有线广播和无线通信系统，让隧道的管理人员可以随时通过广播，向驾驶员们播报前方的路况信息。该隧道的设计者和建设者为隧道内通行人员的安全做足功课，充分体现了我国公路系统以人为本、为人民服务的理念。

（二）行走在云端的公路——雅西高速公路

"蜀道之难，难于上青天！"这是李白对四川险要地形的评价。诚如李白所言，不但各省通往四川的道路极为艰险，而且在四川省内修建道路也非常艰险。从古至今，翻越大相岭和小相岭，是进出四川盆地的重要通道，也是抵达南亚的商业通道。道路沿途复杂，民族众多，崎岖坎坷，通行不易。

雅西高速公路是四川省雅安市到西昌市的公路。随着 2012 年雅西高速公路正式通车，四川省内的道路环境得到大幅度改善，实现了成都都市群和攀西城市群的快速联系。雅西高速公路跨越青衣江、大渡河、安宁河等水系和 12 条地震断裂带，穿越在大西南地质灾害频发的深山峡谷，因所处地形条件极其险峻、地质结构极其复杂、气候条件极为多变、生态环境极其脆弱，被国内外专家学者公认为国内乃至全世界自然环境最恶劣、工程难度最大、科技含量最高的山区高速公路之一（图 3-3-12）。

图 3-3-12　雅西高速公路上的腊八斤沟特大桥（其中
10 号桥墩号称"亚洲第一高墩"）

这条公路基本由桥和隧道组成，拥有 25 条隧道和 270 座桥梁。更值得注意的是，在雅西高速修建过程中，每修 1 公里，海拔就上升 7.5 米。最陡的地段是拖乌山双螺旋隧道，堪称世界公路建设的奇迹。在这段路中，工程师需要解决在较小的空间内实现较大幅度的高度提升这一问题，而高速公路对于单位距离内高度，即坡度的提升是有限的。为了解决这个难题，工程师创造性地提出了双螺旋隧道方案，让汽车在大山肚子里盘旋，实现了在较短水平距离中攀爬足够的高度落差，至今也是独一无二的设计（图 3-3-13）。这 2 座隧道分别是干海子隧道和铁寨子 1 号隧道，总长度约 10 公里，上升 700 多米。随着高度不断抬升，直至云海中，雅西高速公路因此被称为"天梯高速""云端上的高速公路"。

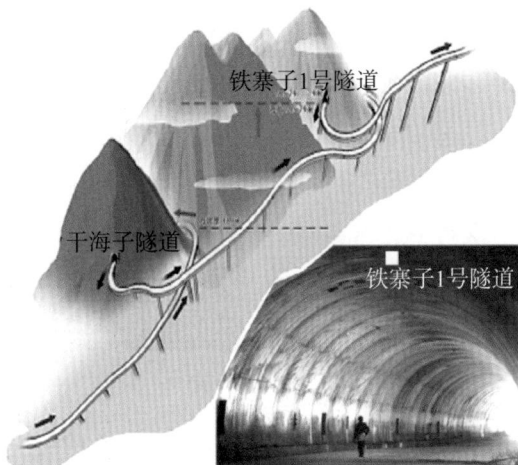

图 3-3-13　世界首创高速公路的双螺旋结构

（三）穿越冻土区的生命天路——共玉高速公路

2017 年 8 月 1 日，我国首条穿越青藏高原多年冻土区的高速公路——共和至玉树高速公路正式通车。这条高速公路经过三江源自然保护区，平均海拔 4100 米以上，全线穿越冻土区，是通往玉树的"生命线"，同时是青藏川云黄金旅游线的重要路段，也是与青藏铁路并驾齐驱的一条"高速天路"。

青藏高原多年冻土地区地理和地质条件复杂。共玉高速公路穿越多年冻土的路段长达 190 公里，占总里程的 30%。特别是鄂拉山至雁口山段，分布着少冰至多冰冻土，富冰、饱冰冻土，含土冰层等多种类型的多年冻土。破土动工，意味着要惊醒沉睡千年的坚硬冻土。受扰动的冻土层对气温极为敏感，会发生季节性冻胀、融沉等状态变化，使工程发生坍塌、变形、开裂等严重病害，影响工程质量和耐久性，也会给未来的行驶舒适度和安全性带来问题。

为了解决冻土给公路建设带来的难题，工程技术人员发明了一种装置，被称为"热棒"（图 3-3-14）。热棒是一种由碳素无缝钢管制成的高效热导装置，5 米埋入地下，2 米地面露出，具有独特的单向传热性能，即热量只能从地面下端向上端传输。在冬季，热管内工作介质由液态变为气态，带走了管内热量，达到使路基降温的效果，避免路基升温融化，保障行车安全；在夏季，热棒则停止工作。这一独特的冷却地温的能力，使热棒堪称在冻土修筑公路的"魔棒"。

除了使用热棒，工程技术人员还采取了其他措施减少冻土的影响。如在部分路段的路基结构体内，埋设直径不等的涵管状通风管，使路基内部通过空气流动带走热量，达

图 3-3-14　冻土区公路两侧的热棒

到保温的目的；部分路段的路基由大小不等的石片或小石块堆砌而成，以实现对冻土的有效保温。

除了冻土问题，共玉高速公路沿线大部分路段都处于三江源保护区，公路建设需最大限度地减轻环境破坏。因此，公路生态保护与恢复成了这个工程的又一个重点工作。工程技术人员通过实施绿色交通建设技术，实现路与环境和谐共生，保障区域生态安全。其中，植被护坡技术、弃土场设计与施工技术等用于公路的生态安全建设；公路景观规划与设计技术，用于满足路与环境和谐共生的需求；隧道绿色照明技术、太阳能利用技术等，适用于绿色管理设施的建设。这一项项专为共玉高速公路而定制的技术，成为攻克生态难题的利刃。

（四）"新世界七大奇迹"之一——港珠澳大桥

粤港澳大湾区是中国开放程度最高、经济活力最强的区域之一，在国家发展战略中具有重要地位。

港珠澳大桥是粤港澳三地首次合作建造的世界级超大型跨海通道。大桥东起香港国际机场附近的香港口岸人工岛，向西横跨南海伶仃洋水域，接珠海和澳门人工岛，止于珠海洪湾立交，全长 55 公里，其中主桥 29.6 公里、香港口岸至珠澳口岸 41.6 公里。桥面为双向六车道高速公路，设计速度 100 公里 / 小时，设计使用寿命 120 年，工程项目总投资额 1269 亿元。从 2003 年开始启动前期工作，2009 年开工建造，港珠澳大桥前后经历 15 年时间，直到 2018 年正式开通运营，被英国《卫报》誉为"新世界

七大奇迹"之一。

港珠澳大桥将三地贯通连接在一起，使一个集旅游、休闲、购物、商务于一体的大湾区中心初步显现。

这座跨海主体工程由桥梁、人工岛、隧道三部分组成（图 3-3-15），其中穿越伶仃洋航道和铜鼓西航道段约 6.75 公里为隧道，东西两端各设置了一个人工岛，分别命名为蓝海豚岛和白海豚岛（图 3-3-16），其余路段为22.9 公里的 3 座通航斜拉桥，分别为寓意三地同心的"中国结"青州桥、人与自然和谐相处的"海豚塔"江海桥和扬帆起航的"风帆塔"九州桥。

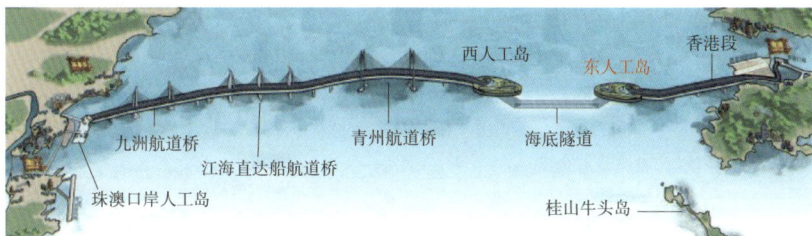

图 3-3-15　港珠澳大桥示意图

图 3-3-16　建设中的人工岛

港珠澳大桥是中国交通建筑史上技术最复杂，建设要求及标准最高的工程之一。海上快速成岛、海底铺设隧道以及外海沉管安装成套技术等，都是港珠澳大桥建造过程中的技术创新。考虑到港珠澳大桥技术难度高，原本希望寻求荷兰桥梁公司合作，但对方要价过高，一个外海沉管安装技术便开价 15 亿元。因此，我国工程师决定自行攻关，最终使用我国自行研发的创新技术，完成了这项超级工程。港珠澳大桥沉管隧道的施工难度，超越了此前全球所有沉管隧道的技术极限。中国工程师为世界沉管隧道建设贡献了中国标准和中国创造，使中国在沉管隧道施工这一领域成为世界引导者。

港珠澳大桥最终由中国人自己建成（图 3-3-17）。这是世界上总体跨径最长、钢结构桥体最长、海底隧道最长的跨海大桥工程，为今后开展同类型工程建设积累了大量的宝贵经验。

图 3-3-17　港珠澳大桥远景

（五）43 小时换梁震惊世界的立交桥——三元桥

三元桥建成于 1984 年，地处北京东北三环，是连接三环路、京顺路和机场高速公路的立交桥。2014 年，自然老化和长期超负荷运营的三元桥在"体检"过程中被诊断为不合格，出现变形现象，且主梁刚度严重下降。为了确保安全，三元桥被北京市政府纳入大修计划。此次完成更新大手术的三元桥将一改羸弱的身躯，换上强壮的钢箱梁，可以继续见证未来北京的百年城市变化。

三元桥换梁工程是在世界级大都市——北京城市交通最为繁忙的地段进行的。

该换梁工程要求花费最短的时间，一次性驮起沉重的新梁，把对交通的影响降低到最小。最终，换梁工程在 2015 年的一个周末完成，彻底解决了在特大城市交通咽喉地段桥梁更新与城市交通的工期矛盾，在大城市重要交通节点上一次性完成大型桥梁的整体置换架设，工程技术居于国际领先地位（图3-3-18）。

图3-3-18　三元桥换梁过程

北京三元桥"旧桥变新桥"的43小时完成换梁延时摄影视频，事后被上传至互联网，很快引起全球网友广泛关注。73秒的视频还原了三元桥拆旧换新的全过程，如工蚁般紧张作战的施工人员、瞬间万变的桥面景观以及新桥铺就交通恢复时的酣畅淋漓，莫不让人叹为观止。国内外网友都被这种非凡的速度震惊，纷纷留言："在我们这儿至少得花5年。""在美国，这要花20年。""在我们国家要3个总统任期才能完成。"……

完成这次三元桥大修任务的关键"功臣"，是具有"神驼"美称的国产驮梁车。它是集机械、电子、液压技术于一体的大型现代化设备（图3-3-19）。担任此次驮梁、换梁重任的2台千吨级驮运一体机，全长50米，宽5米，共有轮胎96只，每个车轮高达1.73米。车内没有方向盘，只有类似电脑系统的操控台。在驮桥过程中，使用了北斗定位仪、视频定位仪、红外线定位等多种设备，实现了精准作业。

图3-3-19　"神驼"——国产驮梁车

"神驮"的诞生要追溯到2011年北京西关环岛桥梁大修前夕，交通运输部门决定采用新工法最大限度减少断路时间。有关部门建议花费巨资购买美国的自行式运输机械，以解决施工问题。但有专家认为应该自行研发"驮梁车"，在美国的自行式运输机械的基础上创新。最终中国工程师用9个月，就成功研发了国产"神驮"，整体可靠性更好且可拆卸，转运也相对方便，完全超过了国外产品。价格方面，至少比美国同类产品便宜一半。国产驮梁车成为美国自行式运输机械的强大竞争对手，使其一直难以打入中国市场。

（六）基础设施建设的神器——盾构机

2020年开工建设的江苏江阴靖江长江隧道，其北接靖江市，南连江阴市，线路全长约11.8公里，过江段长约6.4公里，采用双向六车道标准建设。这条隧道是国内直径最大、在建承受水压最高的超大直径隧道。建设这样的隧道，在以前是不敢想象的，而现在拥有了挖掘隧道的神器——盾构机。在盾构机出现之前，工程上挖隧道需要先用镐子和炸药，再用推土机和挖掘机，最后对挖好的隧道进行加固，防止坍塌。工程安全如果无法保证，整体施工进度还会被拖慢。

比如，秦岭终南山公路隧道由于采用传统掘进方式，历时6年才通车。那么使用盾构机需要多久呢？可以稳定控制在6个月以内，可靠性也更高，还能节约大量人力。

盾构技术始于英国，后来在日本、德国得到发展，通过对土压平衡式、泥水式盾构机中关键技术的探索和破解，盾构机得到广泛应用（图3-3-20）。这些国家还利用自身技术和设备的优势，对中国实行技术封锁。

1997年，国内开始大力开挖隧道推动基建，但没有挖隧道必备的

图3-3-20　盾构机内部

盾构机，只能向西方国家购买。卖家报价每台盾构机 7 亿元，而且要求机器出故障时，只能找卖家维修。除了支付高额的维修费，维修现场周边还必须拉上警戒线，以防止技术泄密。

西方国家的这些做法，激发了中国科技人员自主研发制造盾构机的决心。2002 年全国开始组织专家攻坚，于 2008 年研制出第一台国产盾构机"中铁 1 号"。凭借着物美价廉的优势，我国盾构机如今畅销全球，已经占据全球 70% 以上的市场份额。值得一提的是，巴黎地铁定制了中铁装备研制的 2 台大直径土压平衡盾构机，标志中国盾构机进入全球高端市场，打破了西方企业的垄断。另外，全球市场在我国盾构机的影响下，定价也趋于合理，从单价 7 亿元降到 2500 万元。

2008 年第一台国产盾构机问世之后，国内企业争相发力，建造出更高技术水平的国产盾构机。不断涌现的大型先进盾构机，展现了我国的研发制造能力，在世界上占据领先地位。

近期我们生产的先进盾构机有：2020 年 6 月 18 日，宽 14.82 米、高 9.446 米的世界最大土压平衡矩形盾构机"南湖号"[图 3-3-21（左）]；2021 年 12 月 22 日，国内首台适用于超浅覆土和超软地层施工的盾构机"振兴号"，超大直径 15.01 米 [图 3-3-21（右）]；2022 年 2 月，国内最大直径盾构机"聚力一号"，直径 16.09 米，重 514 吨。其中，"聚力一号"盾构机就是修建江阴靖江长江隧道的主角（图 3-3-22）。

图 3-3-21 "南湖号"盾构机（左）和"振兴号"盾构机（右）

经过我国科研人员的努力，仅仅 20 年时间，中国人自己制造的盾构机就从零起步跃居世界第一。这样的故事在过去几十年中，在各个领域不断上演。只要中华儿女自强不息，中国奋斗的故事在未来还会继续。

图 3-3-22　用于修建江阴靖江长江隧道的"聚力一号"盾构机

三、为经济社会发展铺就腾飞的跑道——改变中国的高速公路

高速公路是专供汽车分方向行驶、全部控制出入的多车道公路，具有行车速度快、通行能力大、安全、可靠等特点，在路网中发挥着主骨架作用。

高速公路是交通运输先进生产力的代表，被美国人称为"影响到每个人的生命线"，被日本人称为"关系国家兴亡的道路"，被比利时人称为"国家经济大动脉"。历经 30 多年的发展，中国高速公路开拓出了一条不同于西方的成功道路，已在数量上居于世界第一。

有人认为，如果把经济社会发展比作一架飞机，那么高速公路就是让飞机腾飞的跑道，高速公路的"提速"作用由此可见一斑。很难想象，如果现在没有高速公路，经济社会运行将会有多艰难。高速公路建设投资不仅直接拉动了经济增长和关联产业发展，也显著改善了生产力布局和产业结构，对改善投资环境、加速市场化进程、提高经济供给效率、加快城市群形成等发挥了显著作用。

（一）东部沿海大动脉——京沪高速公路

京沪高速公路（编号 G2，北京—上海高速公路）连接北京和上海，全长 1261 公里，使中国华北、华东地区连为一体，缓解了北京到上海交通线路的运输紧张状况，对加强国道主干线的联网和发挥高速公路的规模效益，以及加强北京、天津、河北、山东、江苏、上海间的经济联系与合作、促进沿线地区乃至中国的经济发展具有重要意义，被誉为连接 21 世纪中国高速公路事业的新起点（图 3-3-23）。该高速公路沿线也逐步演变为产业带，重要节点大多成为产业园区和商品集散地。

图 3-3-23　G2 京沪高速公路

位于京沪高速公路中间的临沂市就是因路兴城的典型例子，已从过去的贫困小城跃升为全国排名第三的商品批发市场群落和重要的物流中心。

蒙山高，沂水长。革命战争年代，山东临沂革命老区"村村有烈士，家家有红嫂"，他们用热血把忠诚和担当写在了八百里沂蒙大地上。20 世纪 80 年代，临沂是全国 18 个连片贫困地区之一。改革开放初期，临沂交通不便，物流很难覆盖全国（图 3-3-24）。而随着京沪、青兰等 7 条高速公路陆续修建通车，如今临沂的货物基本上可以在 48 小时内送达全国各地，临沂市已发展成万商云集的全国规模最大专业批发市场集群之一和中国"物流之都"（图 3-3-25）。沂蒙儿女继续传承着沂蒙精神，从当年"跟着党闹革命"，到如今"跟着党振兴老区"，奋力谱写着振兴革命老区经济的新篇章。

图 3-3-24　20 世纪 80 年代临沂市中心的沂河老桥，每逢夏季洪水就会把桥面淹没

图 3-3-25　临沂已经成为"物流之都"

（二）西部陆海新通道——包茂高速公路

包茂高速公路（编号 G65，包头—茂名高速公路）全长 3000 余公里，沿途经过内蒙古中西部的鄂尔多斯高原，黄土高原的草地、沙地，穿越秦岭、大巴山，在重庆跨越长江，向东南进入黔江和湘西山岭重丘区，经桂林翻越南岭至广东西部沿海（图 3-3-26）。包茂高速连接了粤港澳大湾区和西部陆海新通道，给区域经济发展带来更大动力。

图 3-3-26　G65 包茂高速公路

延安作为革命老区，是包茂高速公路沿途闪烁着光辉的一道风景。作为首批国家历史文化名城，延安素有"塞上咽喉""军事重镇"之称。1935—1948 年，老一辈无产阶级革命家在此生活和战斗了 13 个春秋，运筹帷幄，决胜千里，领导指挥了抗日战争和解放战争，奠定了中华人民共和国的坚固基石。

延安是一座山区城市，坐落在群山之中，受山地与河川等地形限制，交通不便，限制了经济发展。20 世纪 70 年代，延安很多老百姓还过着"靠天吃饭"的苦日子（图 3-3-27）。

图 3-3-27　20 世纪 70 年代的延安市区

随着交通环境的改善，旅游业蓬勃发展，延安发生了巨大变化，逐步形成红色旅游核心带，黄帝、黄河、黄土风情文化旅游区，绿色生态旅游区，以及丹霞地貌地质遗迹旅游区等。2019 年开始，当地政府连续举办延安夜经济夜生活节，孕育了缤纷多彩的延安夜间文化。这不仅彰显了红色革命文化优势与绿色生态，也推广了延安最优、最亮的产品，进一步改善了延安人民的生活状态（图 3-3-28）。这里早已不是遍地的黄土、窑洞、白头巾，而不变的则是老区人民淳朴的人情味和共同追求幸福生活的烟火气。

图 3-3-28　延安"中国艺术节"夜景

（三）长江经济带发展的引擎——沪渝高速公路

沪渝高速公路（编号 G50，上海　重庆高速公路）全长 1718 公里，是中国国家高速公路网中一条连接华东、华中和西南的东西横向干线，是长三角城市群沿江向中西部辐射的重要通道，对长江经济带南部的发展具有重要支撑作用，途经上海、江苏、浙江、安徽、湖北和重庆 6 个省市（图 3-3-29）。沪渝高速公路还是重庆向东的出海大通道。它的贯通使得从重庆开车到上海全程只需 17 个小时，实现了长江上、中、下游的快速互通。沪渝高速公路也是首条真正意义上贯穿长三角的高速公路通道，对于加强长三角区域的经济活动往来具有重大意义。

图 3-3-29　G50 沪渝高速

　　在沪渝高速公路十余年的建设过程中，随着各路段逐步建成通车，沿线的农民也从中获益，由此走上小康之路。浙江省湖州市向阳村紧邻沪渝高速公路浙江省内的起点，自 2006 年 10 月以来，全村面貌便悄然发生着变化。

　　彼时的向阳村非常落后，土地抛荒严重、村庄环境脏乱差、村集体经济大额负债。后来，随着交通对沿线经济走廊的资源互补和合作发展起到推进作用，向阳村村支部抓住机会，通过集体和村民入股，成立生态水果创业园，创办苗木合作社壮大集体经济等举措，曾经的"老大难"落后村走上了一条极具代表性的乡村振兴之路。十年间，他们靠着集体分红、土地流转金及果园的管理工资，让村里家庭总收入翻了一番。向阳村村支书说，村里近 2000 亩土地的流转，实现了现代化农业的升级发展，水产、苗木、果树等专业化培育、规模化生产让村集体收入达到 188.5 万元。"这与周边交通的发展是分不开的，高速公路、省道、县道及乡村公路的发展，让先进的发展理念进得来，也让我们的产品能出得去。"可见，交通改变了当地的面貌，改善了当地人的生活。

事实上，沪渝高速公路的建成，造福的人群远不止向阳村这1600余名村民。沿线的所有居民和产业都得到了大力支持，包括湖州在内的一系列城市开始飞速发展（图3-3-30、图3-3-31）。这条中国首条真正意义上横穿长三角的高速公路，对扩张升级长三角都市圈高速网、促进更多物流和财富在沪、苏、浙、皖间流通，推动长江流域经济不断腾飞，都具有深远意义。

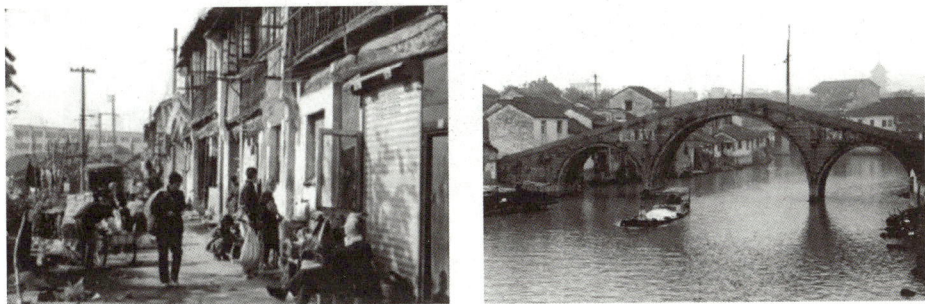

图 3-3-30　20 世纪 80—90 年代的浙江湖州市街景

图 3-3-31　当代湖州美景

（四）"当代丝绸之路"——连霍高速公路

连霍高速公路（编号 G30，连云港—霍尔果斯高速公路）是我国国家高速公路网东西方向的主干线之一，贯穿祖国东西两端，连接亚欧大陆的东半段，全长 4244 公里，是我国总里程最长的高速公路。

连霍高速公路经过江苏、安徽、河南、陕西、甘肃、新疆等地，是"一带一路"的重要通道。东端的连云港市是我国综合性交通枢纽和重要港口；西端的霍尔果斯市，连接中亚五国，东接内陆省市，是我国面向中亚地区的重要对外贸易口岸。连霍高速公路穿越了平原、山区、高原、戈壁、沙漠等多种地形地貌，建设难度不亚于雅西高速公路（图 3-3-32）。

图 3-3-32　新疆伊犁的连霍高速公路果子沟大桥，是国内第一座公路双塔双索面钢桁梁斜拉桥

　　时光倒转至千年之前，中原王朝与西域诸国通商交往的丝绸之路，特别是位于甘肃的河西走廊段①，与今日的连霍高速公路西北部的路段隔空重叠。连霍高速公路是穿越历史、跨越地理间隔的时光通道。1994 年，连霍高速公路的天水至北道段建成通车，结束了甘肃没有高速公路的历史。如今，连霍高速公路也是甘肃省内里程最长的高速公路。

　　连霍高速公路最西端的霍尔果斯，曾经只是一座边陲小城，发挥着丝绸之路上驿站的作用。且不说企业前往投资，就是往返一趟也十分不易。那时，霍尔果斯缺少产业项目，更难以形成产业集聚效应 [图 3-3-33（左）]。

　　随着交通基础设施的改善，当地政府抓住连霍高速公路等通道贯通的机遇，充分发挥"区位、政策、开放"三大优势，以加工贸易和进出口贸

---

① 河西走廊，在甘肃省的西北部，北山—阿拉善高原以南，祁连山以北，是一个呈西北—东南走向的狭长地带，因形似走廊、地处甘肃黄河以西而得名。东西长约 1000 公里，南北宽 30~120 公里不等，包括阿拉善高原中西部地区总面积约为 40 万平方公里。主要经过甘肃武威、金昌、张掖、酒泉、嘉峪关等城市。河西走廊自古以来便是沟通我国中原地区与西域的交通要道，也是多民族不断交流融合的核心区域。

易为重点，以科技创新、金融服务和人力资源为支撑，不断调整产业结构、优化营商环境、加快产业集聚、构建现代化产业体系，持续推动霍尔果斯从"通道经济"向"口岸经济""产业经济"转变，加速各类产业汇聚。

如今，霍尔果斯已形成集外贸、物流、加工、旅游、购物、仓储等于一体的多元经济，高新技术、现代装备制造、生活用品加工、农副产品精深加工、医药健康等产业蓬勃兴起［图3-3-33（右）］。霍尔果斯现在已经拥有国家在新疆设立的2个"特区"之一——霍尔果斯经济开发区，包括全国首个跨国经济合作区——中哈霍尔果斯国际边境合作中心。霍尔果斯市已成为我国西部在欧亚大陆桥上同时拥有铁路、公路口岸的国际交通新枢纽，是我国实施向西开放战略的前沿窗口和重要支撑。

图 3-3-33　20 世纪 80 年代的霍尔果斯口岸（左）和如今作为国际交通新枢纽的霍尔果斯市（右）

（五）让山区变"平原"——贵州高速公路

贵州是中国唯一没有平原地带的省份，自古有"地无三里平"之说。实际上，贵州地质情况之复杂，远非这简单一句话所能概括。整个贵州的山犹如凝固的惊涛骇浪，山峦起伏不定，沟谷绝壁丛生，上下数公里，壁立千仞鸟惊心。而更为变幻莫测的是贵州喀斯特地貌造就的地表以下的错综复杂且数量、规模巨大的溶洞与暗河。因山高险阻，贵州自古道路闭塞难行，故在历史上长期被作为犯人的放逐之地（图3-3-34）。

图 3-3-34　20 世纪 70 年代北盘江上的莆济铁索桥（左）、20 世纪 70 年代简陋的
乌江大桥（中）、20 世纪 90 年代孩子走过简陋的小桥去上学（右）

即便到新中国成立前，因为道路难行，当地又不产盐，所以盐在贵州
售价很贵，多数人吃不起，于是在贵州就有了"吊吊盐"。也就是说，贵
州有钱人的家里，都会将盐巴包好吊在房梁上，以免被猫鼠偷吃。到了逢
年过节喜庆时，才会取下来品尝。也正因为吃不起盐，所以贵州人就以
酸、辣代盐，从而造就了贵州有名的辣椒酱和酸汤鱼。

贵州素有"八山一水一分田"之说，加上地形地质复杂，修路难度
大、成本高，使得黔道比蜀道更难通行。从秦开五尺道、汉通西南夷，历
代志士仁人都为改变贵州的行路难而费尽周折。然而，"黔道难"的问题
一直没有得到彻底解决。

现在，这一切已经发生了彻底的改变。数千座隧道洞穿过险峻的山
岳，高速公路将贵州打造成天开地阔的康庄坦途。密如蛛网的交通网络，
使得贵州成为西部第一个县县通高速公路的省份，不但在全国名列前
茅，而且震撼世界。据统计，世界上最高的 100 座桥梁中，贵州就占了
51 座。而且这个数量还在不断增长。世界前十大高桥中，贵州独占 6 座
（图 3-3-35、图 3-3-36）。

当汽车行驶于这些高桥之上，便会有穿梭云间、俯瞰山河之叹。天下
商贾往来黔道，络绎不绝，使得整个贵州经济飞速成长，其地区生产总值
增速更是在数年之内领跑全国。此外，贵阳还通过招商引资，一举逆袭为
中国大数据之都（图 3-3-37）。

图 3-3-35　都匀至安顺公路云雾大桥

图 3-3-36　石阡至玉屏高速公路

图 3-3-37　1995 年贵阳市面貌（左）和 2020 年贵阳市面貌（右）

　　高速公路发展是我国改革开放的缩影。改革开放以来，中国高速公路从无到有，规模从零到世界第一，实现了跨越式发展。发达国家往往需要半个世纪才能建成高速公路网络，而我国在远低于发达国家的基础上起步，用不到 30 年完成了超越。中国高速公路发展速度之快、规模之大、范围之广，在世界交通发展史上堪称奇迹。这一切得益于改革开放，得益于中国特色社会主义集中力量办大事的制度优势。中国高速公路是中国特色社会主义市场经济体制的成功范例，是"中国速度"的一个符号，也是享誉世界的"中国品牌"。

　　回首过去，我们依靠改革开放建成了世界最大的高速公路网络；面向未来，我们仍然要依靠改革开放推动高速公路高质量发展，为加快建设交通强国、实现中华民族伟大复兴的中国梦作出新的更大的贡献！

四、比高铁更震撼的路——改变5亿人命运的农村公路

过去十年，中国高铁以其规模、速度和技术，惊艳了世界。相比之下，比高铁里程长100倍的农村公路，却长期不被人关注。事实上，如果4万公里的高铁和16万公里的高速公路是我国交通的大动脉，那么440万公里的农村公路就是连接我国农村与城市的"毛细血管"。

农村公路是我国公路网中覆盖范围最广、服务人口最多、提供服务最普遍、公益性最强的交通基础设施，包括县道、乡道和村道。过去，我国农村出行难、环境差，"晴天一身土，雨天一身泥"是那个时代的公路留给人们的记忆。甚至很多县城也只有泥泞不堪的土路（图3-3-38）。

图3-3-38　过去泥泞不堪的道路

1986年12月，四川省洪雅县县长徐启斌，面对洪雅这个青衣江畔出了名的穷县，喊出一句石破天惊的口号："要想富，先修路。"6年时间，这个之前没有一寸柏油路的县，新修道路131公里，实现了村村通路，由此带动农民收入翻了一番。"要想富，先修路"这句口号，迅速传遍大江南北。

"四好农村路"是习近平总书记亲自总结提出、领导推动的一项重要民生工程、民心工程、德政工程。习近平总书记多次作出重要指示："农村公路建设要因地制宜、以人为本，与优化村镇布局、农村经济发展和广大农民安全便捷出行相适应。""要通过创新体制、完善政策，进一步把农村公路建好、管好、护好、运营好。""要逐步消除制约农村发展的交通瓶颈，为广大农民脱贫致富奔小康提供更好的保障。"[1] 2019年7月，交通运输部联合多部委印发《关于推动"四好农村路"高质量发展的指导意见》，为加快建设交通强国、加快农业农村现代化提供坚实保障。

而今，随着一条条硬化路面公路的修建和一座座桥梁的打通，全国

---

[1] 筑好康庄大道　共圆小康梦想——习近平总书记关心农村公路发展纪实［N］.人民日报，2014-04-29（01）.

70 万个建制村的面貌焕然一新。这种改变，发生在中国 960 万平方公里的土地上，触达每一个最偏远的地区。2020 年全国农村公路总里程达到 438 万公里，占公路总里程的 84%。具备条件的乡镇、建制村基本通了硬化路，农村居民的交通出行条件显著改善，为脱贫攻坚和乡村振兴提供了有力支撑（图 3-3-39、图 3-3-40）。

图 3-3-39　黑龙江汤原县汤亮公路，沿线秀美风光与美丽的农村公路一路相伴，是带动乡村旅游、生态养殖、北药种植等特色产业发展的产业路

图 3-3-40　如今的农村公路再也不是那种泥泞的道路，自身也成为美景。江西九江市永吴公路号称"最美的水上公路"。夏天雨后，会呈现出车在水中行的美景

（一）全国最后一个通公路的建制村

阿布洛哈村，位于四川省凉山彝族自治州布拖县拉果乡，是一个仅有 4 个村民小组的村子。之所以走进人们的视野，是因为这里是"全国最后一个通公路的建制村"。

村子建在悬崖上、峡谷边，面对一条西溪河。峡谷对面的山上，是凉山州金阳县老寨子村；河右面的山上，是云南省巧家县茂租镇。从凉山彝族自治州首府西昌出发前往阿布洛哈，一路不停，需要 5~6 个小时。即使从布拖县城出发，也要 2 个多小时才能抵达阿布洛哈村。

到阿布洛哈村，必须不断地上山下山。在没有通村公路之前，村民们依靠悬崖上的小路进出村子（图 3-3-41）。这条小路，如今在新的村委会后面，弯弯绕绕，一直到绕出村委会背后的那座山。从这条路出村，需要 3 个多小时才能到乡县，货物运输则只能靠骡马。

图 3-3-41　2007 年，未通公路的阿布洛哈村

　　阿布洛哈的通村公路，于 2019 年 6 月开工，全长 3.8 公里，路基宽 4.5 米，柏油路面，全线有 2 个隧道。由于地形条件复杂，整个工程施工难度很大。为加快进度，修路期间甚至协调了一架米 –26 直升机，将 8 台大型施工机械空运进村。2020 年 6 月 30 日，阿布洛哈村至布拖县拖觉镇的"金通工程"乡村客运班线正式开通，中国最后一个不通公路的建制村实现"车路双通"。这也标志着四川全面实现具备条件的乡镇、建制村 100% 通客车。

　　过去，村民们卖蜂蜜，需要爬几个小时的山，卖羊则要把羊捆在身上，拽着溜索过河。如今村里通了车，出村只需十几分钟（图 3-3-42）。

图 3-3-42　现在汽车和摩托车已经成为阿布洛哈村村民的主要交通工具

　　阿布洛哈村的通车，是我国农村公路建设史上的里程碑，也是近年来我国实施乡村振兴战略的缩影。

（二）西藏农村公路为各族百姓送来"福"与"富"

西藏大部分地区地势险峻，以前交通不便、人烟稀少，农村公路建设滞后。很多农村公路十分狭窄，汽车无法通行，制约了经济的发展（图3-3-43）。

如今，西藏的壮美山河间，蜿蜒穿梭的一条条农村公路，成为促进农牧区经济社会发展的靓丽生态旅游路和精准脱贫致富路。车在路中行，人在景中游。例如，每到五六月份，强吉村处处风景如画，前来观光旅游的游客络绎不绝。强吉村位于山南市琼结县拉玉乡，距离泽当城区不到26公里，平均海拔3800米，曾获"2019年中国美丽休闲乡村"称号（图3-3-44）。

图3-3-43 改建前的西藏农村公路，大部分是羊肠小道，仅能通摩托车

图3-3-44 琼结县强吉村最美乡村旅游公路

走进强吉村，只见村庄道路平整宽阔，村舍民宿美观整洁，原本偏僻的小山村也享受到了旅游发展带来的红利。"现在村里的路修得很好，前来观光旅游的游客也越来越多了。"强吉村二组村民索朗曲珍笑着说："我家腾出了8间屋子，精装成民宿，一年光民宿收入就有不少钱。"

西藏自治区交通运输厅厅长徐文强作为交通运输部选派的第八批转第九批援藏干部，参与了当地交通脱贫攻坚全过程，亲眼见证了240万农牧民群众摆脱贫困、走上富裕之路以及与全国人民一起奔小康的喜悦。他说，西藏公路建设最困难的是农村。脱贫攻坚以来的4年时间，西藏投入了941.6亿元，实施了3123个农村公路建设项目，改造、新建农村公路里程达到3.82万公里，全部按照等级公路的标准实施建设。这些公路首尾相接，能够绕赤道一周 ① 。

（三）互联网时代的农村公路让农村变为"产业园"

今天，当 400 多万公里农村公路，与互联网相遇，碰撞出的是一幅更加壮阔的画卷。山东省菏泽市曹县，曾是中国 2000 多个县中的普通一员。20 多年前，曹县还是人均生产总值全省倒数第一、脱贫攻坚的重点扶植对象（图 3-3-45）。从 2013 年开始，农村电商改变了这一切。

也是在那一年，高琪和丈夫回乡创业，经营拉丁舞和学校练功服。尽管生意红火，但和许多当地的电商从业者一样，交通成为困扰他们的一大难题。彼时的曹县大集镇丁楼村，只有一条狭窄的油路，物流车辆进村很不方便。高琪只能每天骑着电动车送货，费时且耗力。为了解决道路瓶颈，从 2013 年开始，菏泽市投入资金，新改建了全市 1.14 万公里的农村公路。

一条 9 米宽的大道，如今从大集镇穿镇而过，连接全镇 16 个自然村。道路两旁是星罗棋布的仓库和加工车间。

"现在交通条件好了，物流车早晚两次上门取件，方便多了。"高琪说。畅通无阻的交通，让曹县的大集镇成为全国有名的淘宝村，也是中国首批"淘宝镇"。大集镇生产、销售的表演服占全国 70%，电商年产值近 70 亿元。

曹县如今是中国最大的电商村聚集地之一（图 3-3-46），共有"淘宝镇" 19 个、"淘宝村" 168 个，汇聚电商企业商户 5000 余家、网店 6 万余家，带动 35 万人创业就业，年销售额 200 亿元以上，成为仅次于义乌的全国第二大农村淘宝产业集群地，入选 2021 中国县域网络购买力百强榜。2021 年，一位博主用山东口音喊出"山东菏泽曹县 666 我们勒宝贝"的口号，引发众多网友效仿，微博等平台相关话题阅读量超过 5 亿。曹县也被网友调侃为宇宙中心。

短短数年，从默默无闻到火遍全国，大集镇乃至曹县的崛起，彰显了道路对于乡村振兴的强大推动力。

---

① 中华人民共和国国务院新闻办公室.徐文强：见证西藏 240 万农牧民群众和全国人民一道奔小康［EB/OL］.（2020-08-12）［2023-02-17］. http://www.scio.gov.cn/xwfbh/xwbfbh/wqfbh/42311/43435/zy43448/Document/1685296/1685296.htm.

图 3-3-45　20多年前的曹县农村　　　图 3-3-46　山东曹县的电商产业园

（四）"四好农村路"的样板——浙江嘉兴七沈公路

2004年3月下旬，时任浙江省委书记习近平在浙江嘉兴专题调研统筹城乡发展工作时，乘坐了101路城乡公交车，体验嘉兴城乡基础设施一体化带来的便利①。城乡一体化发展之路，最关键的便是交通基础设施建设，人便于行，货畅其流。"四好农村路"就是习近平总书记亲自总结提出、亲自推动的一项民生工程、民心工程、德政工程。十多年来，嘉兴市南湖区充分发挥交通先行官作用，将"红船精神"贯穿于"四好农村路"建设全过程，生动书写了一个个因路而红的南湖故事。

嘉兴南湖区的七沈公路，是全国"四好农村路"的样板。从外观上，我们很难把这样的道路和农村公路联系起来。七沈公路全长9公里，是南湖区的重要县道，也是嘉兴市"党建引领美丽乡村精品线"主干道之一。公路的技术等级为二级，部分路段甚至达到一级（普通公路中的最高技术等级），完全不亚于普通国省干线公路。在"四好农村路"的建设中，七沈公路成了行业标杆和亮丽名片（图 3-3-47）。

这一条红色之路促成了当地旅游业的快速发展，让群众生活水平再上一个新台阶。嘉兴市南湖区凤桥镇联丰村打造了三治会堂、红色主题公园等景点，用心讲好党建引领社会治理故事，红色旅游线路人气旺盛；凤桥镇永红村坚持"多彩产业＋乐学"，建起了田间自然学校、青少年红色教育基地、嘉新·尚生活馆等，为游客提供独具特色的红色研学体验。

---

① 习近平同志曾经搭乘的这趟城乡公交车，见证了嘉兴牢记嘱托，统筹城乡发展发生的变化——开往春天的101路公交［N］.浙江日报，2022-04-21（01）.

图 3-3-47　七沈公路成为全国"四好农村路"的样本。一路秀木林立、芳草鲜美、曲道绿径，沿线既有"绿树村边合"的盎然景致，还能遇见"一点炊烟竹里村"的诗情画意

五、读万卷书，行万里路——致美丽的中国公路

普通干线公路包括普通国道和省道，广泛连接全国县级及以上行政区、重要乡镇、产业园区、交通枢纽及旅游景区，与高速公路在布局和功能上相互补充。由于大部分普通干线公路为非控制出入的道路，车辆进出方便，对沿线经济和城镇发展具有重要的支撑作用。2020 年底，我国普通国道通车里程达到 26 万公里，98% 以上的路面实现了沥青或水泥混凝土铺装。全国普通省道通车里程则为 33.6 万公里。

普通国省干线不像高速公路要求全封闭，由于技术等级灵活，能够依据地形灵活变化。因此，普通国省干线就能够和周边的景色融为一体，路在景中，景在路上。

（一）109 国道（北京—拉萨公路）

109 国道，东北起于北京西二环阜成门桥，西南止于西藏拉萨，经过北京、河北、山西、内蒙古、宁夏、甘肃、青海和西藏，全长 3922 公里。在修建青藏公路（109 国道的一段）的支线敦煌至格尔木公路时，建设者还在察尔汗盐湖上，利用敦煌至格尔木公路丰富的盐矿资源，修建了一条长达 32 公里、世界上独一无二的天然盐壳公路（图 3-3-48）。

图 3-3-48　青海察尔汗盐湖的盐桥

（二）213 国道（策克—磨憨公路）

213 国道是连通中国西北、西南地区的一条国道，起点为内蒙古额济纳旗策克口岸（与蒙古国西伯库仑口岸对接），终点为云南西双版纳傣族自治州勐腊县磨憨口岸（与老挝磨丁口岸对接），经过内蒙古、甘肃、青海、四川、云南，总里程约 4136 公里。213 国道一路上串起了九寨沟、甘南大草原、若尔盖花湖、唐克九曲第一湾、卧龙自然保护区等多个国家级和世界级景区（图 3-3-49）。

图 3-3-49　213 国道沿线的甘南大草原

（三）214 国道（西宁—澜沧公路）

214 国道，起点为青海西宁，终点为云南澜沧拉祜族自治县，是中国境内北南纵线的普通公路，全程 2961 公里，经过青海、西藏和云南，是古代"唐蕃古道""茶马古道"在当代的延续。其中，云南大理至西藏芒康段，也被称为滇藏公路。214 国道地形复杂，气候多变，同时拥有热带、亚热带、高山温带、高山寒带气候带，海拔跨度近 4000 米。整个路段呈现出气候、生物、地质、景观等方面的多样性，拥有丰富的自然资源、悠久的历史文化、独特的宗教和少数民族风情，被称为"中国景观最丰富的国道"（图 3-3-50）。

图 3-3-50　214 国道沿线的横断山区

（四）217 国道（阿勒泰—塔什库尔干公路）

217 国道，起点为新疆阿勒泰市，终点为新疆塔什库尔干塔吉克自治县，全程 2069 公里。该公路南北穿越天山的路段，正是著名的独库公路，沿线雪山冰川相映，河流湖泊交织，两端荒漠苍茫，腹地却又森林如带、草原如茵，把四季的景致和气候同时并置在同一时间和空间当中（图 3-3-51）。

图 3-3-51　G217 穿越新疆天山的路段

（五）219 国道（喀纳斯—东兴公路）

219 国道是在原新藏公路的基础上，分别向两端延伸而形成，北起新疆北部喀纳斯，南至中越边境的广西东兴市，经过新疆、西藏、云南、广西、全长 10086 公里，是中国里程最长的国道（图 3-3-52），是连接中国西北、西南地区的边境公路，是重要的进疆、进藏路线，同时也是世界上海拔最高、条件最艰险的公路。

图 3-3-52　G219 新疆柯克阿特达坂的"九十九道弯"

（六）227 国道（张掖—孟连公路）

227 国道，起点位于甘肃张掖，经青海、四川，至终点云南孟连，全长 3745 公里。227 国道是传说中"三大最美国道"之一。其中，西宁到张掖段囊括了西北最富有色彩的风光，还承载了千年的丝绸之路文化。这段公路长 347 公里，从西宁出发，跨大通河和八宝河，翻越大坂山、景阳岭和俄博岭，横穿祁连山脉，进入甘肃河西走廊，终点为甘肃张掖（图 3-3-53）。

图 3-3-53　G227 甘肃张掖段的丹霞公路

（七）228 国道（丹东—东兴公路）

228 国道，从辽宁丹东出发，一路沿东部海岸线前行，将东部沿海城市串联起来，止于广西东兴，全长 7800 公里。公路南北纵跨 20 个纬度，从东北到西南，海滩湿地、岩石岛礁、沙滩生物绵延不绝，景致不胜枚举。G228 国道的福建段很有代表性，分别打造"地质大观·山海宁德""有福之州·幸福之城""妈祖圣地·美丽莆田""宋元中国·海丝泉州""鹭岛花洲·自在厦门""水仙名城·花样漳州"等主题路段，全长1250 公里。公路沿着风景优美的海岸线，令海景与城景交相辉映，是中国"最美滨海国道"的组成部分（图 3-3-54）。

图 3-3-54　G228 海景之路

（八）315 国道（西宁—吐尔尕特公路）

315 国道，起点为青海西宁，终点为新疆克孜勒苏柯尔克孜自治州吐尔尕特口岸，全程 3063 公里。315 国道青海段有一段 U 形公路，形象地概括了高海拔公路的起起伏伏。开车行驶在这条公路上，犹如坐在戈壁荒野地质公园主干道的过山车。目之所及，刚刚还是谷底戈壁的万千景象，转瞬便攀升至一片雅丹丛林之中（图 3-3-55）。

图 3-3-55　G315 青海段 U 形公路

（九）331 国道（丹东—阿勒泰公路）

331 国道是我国的边境普通国道，起点在辽宁丹东，终点在新疆哈巴河县，经过辽宁、吉林、黑龙江、内蒙古、甘肃、新疆，全长 9300 公里。这条公路穿过中国与朝鲜、俄罗斯、蒙古、哈萨克斯坦边境，途经平原、山川、高原、沙漠、绿洲、无人区，从中国海岸线最北端延伸到内陆大西北（图 3-3-56）。

图 3-3-56　G331 经过大兴安岭

（十）大别山革命老区旅游风景道

大别山革命老区旅游风景道跨越鄂豫皖三省，连接大别山南麓与北麓，其间红色资源与绿色自然风光相融合，风景绮丽。安徽省六安市金寨县的大别山革命老区旅游风景道，被誉为"安徽最美公路"。开车行驶在这条蜿蜒盘旋、九曲回肠的彩带上，公路两边一幕幕秀美景色，如同幻灯片依次呈现：壮丽秀美的山川，碧绿深幽的秋水，五彩缤纷的叶林，令人目不暇接（图3-3-57）。

图 3-3-57　大别山的秋天

第四章

现代外国公路

第一节　亚　　洲

一、日本

日本是亚洲最早实现工业化的国家，国土面积狭小，海域众多，人口稠密，轨道交通较发达。公路交通由于其海岛国家的原因而独具特色，以用地节约著称。

（一）国家概况

日本位于太平洋西岸，是一个由东北向西南延伸的弧形岛国。东临太平洋，西隔东海、黄海、朝鲜海峡、日本海与中国、韩国、朝鲜、俄罗斯相望。全国分为1都（东京都）、1道（北海道）、2府（大阪府、京都府）和43县（省），下设市、町、村。日本是一个多山的岛国，山地成脊状分布于日本的中央，将日本的国土分割为太平洋一侧和日本海一侧，山地和丘陵占总面积的80%，大多数山为火山。日本的平原主要分布在河流的下游近海一带，多为冲积平原，规模较小。

日本总面积约37.8万平方公里，人口1.26亿。2021年，国内生产总值约4.94万亿美元，人均国内生产总值约3.93万美元。日本自然资源匮

第四章

现代外国公路

乏并极端依赖进口，发达的制造业是国民经济的支柱。此外，以动漫、游戏产业为首的文化产业和发达的旅游业也是其重要产业。

日本交通运输业发达，形成以海运为主，海、陆、空密切结合的现代化交通运输体系。国际运输方面，货运以海运为主，客运以航空为主。国内客运以铁路和公路为主，货运以公路和海运为主。日本的地铁、轻轨、铁路等轨道交通十分发达。铁路里程约 2.7 万公里，其中高速铁路超过 3000 公里。日本有庞大发达的海洋航运船队，与世界各地都有航线相通。日本共有港口 204 个，其中著名的有东京、横滨、名古屋、大阪、神户等港。日本共有主要机场 84 个，其中著名的有东京成田、东京羽田、大阪关西等国际机场。

（二）日本公路发展概况

1. 基本情况

日本公路总里程约 120 万公里，面积密度高达 318 公里/百平方公里，其中高速公路里程约 1 万公里，居世界前列。日本国内货物运输总量中约 60% 由汽车运输承担，公路运输对满足日本工业生产以及国民生活的需要发挥了重要作用。

日本的公路按该国《道路法》的规定，可以分为高速自动车国道、一般国道、都道府县道、市町村道。各层次公路的主要功能如下。

（1）高速自动车国道：是专供汽车行驶的高速公路，用于连接政治、经济、文化上特别重要的地区，是国家干线公路网的骨架。因其与国家利益有着特别密切的关系，其路线由《国土开发干线公路建设法》规定，直接由中央指定和下达修建命令。

（2）一般国道：与高速自动车国道一起构成国家干线公路网。一般国道纵贯、横穿或环绕日本国土，是连接都道府县的行政厅所在地及其他政治、经济、文化上特别重要城市的公路，其路线由中央指定。

（3）都道府县道：构成地方的干线公路网，是市或 5000 人以上的町和与其有密切关系的要地，重要海港、渔港、机场，重要停车场、重要观光旅游地相互连接的公路。其路线由都道府县知事指定。其中又分为重要都道府县道和一般都道府县道。重要都道府县道是地方干线公路网的骨架，由建设大臣（2001 年 1 月改为国土交通省）指定。

（4）市町村道：即村、镇道路，分布于市町村区域内，由市町村长指定。其中，干线市町村道又分一级和二级。

日本高速公路建设时间早，全国共规划高速公路 1.4 万公里，实际已经建成运营约 1 万公里，高速公路网已基本成形。高速公路主要分为用于城际运输的"高规格干线道路"和用于都市圈或地区内联络的"地域高规格道路"两种，均以收费公路为主。其中，高规格干线道路 9600 公里左右，地域高规格道路 600 公里左右。

如今，日本全国高速公路受国家委托，由 1 个机构和 6 个高速公路公司管理。其中"日本高速公路资产持有及债务偿还法定机构"（The Japan Expressway Holding and Debt Repayment Agency，简称"机构"）全面承担日本全国公路资产管理和债务偿还职能，在全日本实行收费公路的统贷统还政策，身份为公益性独立行政法人。机构按区域重新组建了 6 家各自独立的国有收费公路特许运营公司。公路资产和债务归属机构所有。高速公路公司从机构租借道路资产，收取通行费，支付租金，并负责相关高速公路的建管养等工作。6 家特许运营公司通过市场竞争机制提升效率、降低成本。经过几十年的发展，日本的高速公路建设任务基本完成。随着基础设施老化、交通量增加、通行车辆大型化等变化，道路运营养护和相关资产经营管理成为高速公路公司的主要工作。

小知识

从楼中穿越的高速公路

大阪是日本非常重要的大都市，也是人们聚居生活非常密集的区域。大阪有一座门塔大楼，已经拥有 30 年历史。而它的特别之处就在于，5 楼到 7 楼是一个巨大的空洞，有一条高速公路从中间直接穿行而过（图 4-1-1）。

图 4-1-1　穿楼而过的高速公路

　　1987 年日本修建这条高速公路时，原计划是将这座大楼拆除。但是这座大楼的拥有人不愿意自己的产业被毁掉，于是这条高速公路的修建就被搁置了。这一搁置就是 5 年时间。其间双方进行了无数次的磋商沟通，终于在 1992 年达成共识：改造大楼，公路从楼中间穿过。整个大楼的 5~7 层被腾空，进行了专门改造，形成了一个巨大的"楼洞"，一条高速公路从中穿行而过。不过这可不是免费通行，相关部门必须每年向这幢大楼的所有人交付一定的租金，相当于承租整个大楼的 5~7 层，因为这条公路直接将大楼原本的电梯系统彻底打乱，人们在到达 5 楼的时候需要从电梯里出来，然后徒步走到 7 楼再继续乘坐通往高层的电梯。

　　随着时间的推移，这里已经成为大阪的特色景点，很多人都会特意走一走这条路。

2. 公路管理体制

　　日本公路的规划、建设和养护管理的组织机构是国土交通省（2001年前为建设省）。公路建设一般按公路行政等级（国道或地方道），由中央及地方分别投资和管理。公路的建设和养护主要由政府预算拨款，其中又以国家财政预算拨给的特定资金为主。不过，收费公路则主要依靠贷款。

3. 资金筹集

日本公路建设和养护资金主要来源于汽油税、燃气税、汽车重量税、车辆购置税、地方道路税、通行费及其他相关收入等。其中，汽油税、燃气税、汽车重量税和政府建设国债等，构成了中央财政建设和养护公路资金的主要来源；柴油税、车辆购置税、地方道路税以及燃气税和汽车重量税中的地方分成、地方债券等，构成了地方财政建设和养护公路资金的主要来源。收费公路建设和养护费用主要从通行费中列支。国土交通省直接管理的一般国道，由中央财政承担全部建设和养护费用，具体由国土交通省公路局负责编制资金使用计划和实施。地方管理的一般国道、都道府县道和市町村道，中央财政承担不超过 1/2 的建设和养护工程费用，日常养护费用和养护工程其他费用全部由地方政府承担。

4. 公路养护

日本的公路养护主要分为日常养护和定期养护两类。其中，日常养护有由政府成立的专业机构负责，或由外包专业公司负责；定期养护则全部采用市场化的外包形式。高速公路的养护维修工作包括日常养护和定期养护，如道路清扫、小修保养、大中修、改扩建、预防性养护、应急抢险等，由高速公路公司负责，并委托给专业的养护公司实施。普通国道的养护主要由国土交通省公路局下设的分局以及地方政府分工承担。都道府县道路建设公司承担本辖区内除高速公路外的所有公路建设与管理工作。

小知识

日本最陡峭的大桥

日本的江岛大桥虽然高度并不出奇，但其陡峭程度世所罕见，每前进 100 米升高 6 米，如过山车一般，因此被称为日本最陡峭大桥（图4-1-2）。许多人在看到江岛大桥的图片时都会问，日本建设这座陡峭大桥的原因是什么？这座桥像过山车一样，并不方便驾驶，还增加了交通事故隐患，为什么还要建设呢？

图4-1-2　日本江岛大桥

其实如此修建江岛大桥也是不得已而为之。因为大桥跨越的中海湖上一直有轮船往来，只有加大桥梁的角度，才可以供5000吨级的轮船通过。另外，江岛大桥的桥面斜率仅为6.1%，与水平面的夹角不过3.5°，陡峭程度与中国的盘山公路相比就是小巫见大巫。一般汽车都能爬上斜率为30%的坡，性能好的可以爬上斜率70%以上的坡，所以不用为这座桥的陡峭而担忧。

（三）日本公路发展历程

1.起源

早在1920年，日本就制定过30年公路改善计划，后由于1923年的关东大地震而未能完成。1932年，日本政府制定了公路改善五年计划，这是第二次世界大战之前日本公路发展的黄金时代。到1940年，日本建成公路约94万余公里，其中国道8740公里、都道府县道约11.3万公里、市町村道约82.6万公里。1940—1943年，日本政府对干线公路网进行了调整和规划，计划建设国家干线公路网为5490公里，但由于战争而未能实施。

2.发展

从1954年开始，日本实行了第一个公路建设五年计划，正式开始了现代化公路网的建设。在历次五年计划中，公路建设体现如下特点：(1)重点建设国道，并以提高质量为主、增加里程为辅；(2)大力新建高速公路；

（3）逐步提高公路等级，完善和充实国家及地方的干线公路网；（4）开始重视地方道路的建设。

1966 年，日本制定了以 1985 年为目标年的 20 年长期公路建设规划。规划的基本方针是"有助于国土的有效利用、运输流通的合理化及国民生活环境的改善"。目标是"确立适合于未来经济社会水准的现代化的公路网体系"。任务是：（1）新建作为公路网骨架的高速公路 7600 公里，并新建跨海峡公路；（2）将全部 15.4 万公里的一般国道及都道府县道改建为双车道以上的公路，并将其中交通饱和度大于 1.0 的 1.8 万公里路线再改建为四车道以上的公路；（3）改善重要的市町村道 22.2 万公里；（4）新建城市高速道路 800 公里；（5）改建城市干道 3.5 万公里；（6）在 30.2 万公里的一般市、町街道上铺筑路面；（7）为使公路养护良好，建设交通安全设施，以确保交通安全及畅通，且努力保证寒冷积雪地区的冬季交通运输。这些规划建设的公路总里程达 100 多万公里。

3. 调整

到 20 世纪 80 年代后期，日本已经成为世界经济强国。但与欧美发达国家相比，日本城市之间的联络、城市环路建设和地区开发路建设等尚存在明显差距。有鉴于此，为了与由"贸易立国"转变为"科技立国"的国策相适应，为了与其世界经济大国地位和更趋激烈的国际市场竞争环境相适应，为了与国民生活水平的提高和发展要求相适应，缩小与欧美国家的差距，日本建设省根据"第四次全国国土综合开发规划"的要求，于 1987 年 6 月提出了高等级干线公路网规划，目标完成年为 2025 年，规划里程为 1.4 万公里。其主要指导思想是：加强地方中心城市（10 万人口以上的城市）的联络；强化东京、名古屋、京阪神（京都、大阪及神户）三大城市圈的环形公路和迂回道路；加强与其他交通源（特别是重要港口和机场）的连接；在全国形成从城市、农村各地 1 小时内可达的高速公路网络；消除原有高速公路中交通严重拥挤的路段。

小知识

日本最美公路

大名鼎鼎的伊吕波坂山道是日本最美的公路之一（图 4-1-3）。其蜿蜒的山路共有 48 个拐弯，每一道弯都拥有不一样的风景。伊吕波坂山道的险峻程度，在日本可谓首屈一指，加之周边群山环绕，是秋季赏枫的绝佳之处。该公路同时也是到中禅寺湖、华严瀑布等著名游览胜地的必经之路。也正因其拥有许多高难度的急转弯道，它被视为日本最难行驶的山道公路之一，引得无数漂移爱好者前来挑战。

图 4-1-3　伊吕波坂山道

二、印度

人口众多的印度，是位于南亚的发展中国家。近年来，印度经济发展很快。有数据显示，印度统计的本国公路里程居然是世界第一。这是为什么呢？让我们来一探究竟。

印度位于南亚次大陆，东北部同中国、尼泊尔、不丹接壤，孟加拉国夹在东北部国土之间，东部与缅甸为邻，东南部与斯里兰卡隔海相望，西北部与巴基斯坦交界。印度东临孟加拉湾，西濒阿拉伯海，海岸线长 5560 公里。印度行政区划中的一级行政区域包括有 28 个邦（省）、6 个联邦属地及 1 个国家首都辖区。印度北部是山岳地区，中部是印度河–恒河平原，南部是德干高原及其东西两侧的海岸平原。平原约占总面积的 40%，山地占 25%。印度国土面积约 298 万平方公里，人口约 14 亿。2021 年国内生产总值约 3.2 万亿美元，人均国内生产总值约 2280 美元，是世界上经济发展最快的国家之一。印度经济产业多元化，涵盖农业、手工业、纺织业以及服务业，近年来服务业产值增长迅速。印度已成为全球软件、金融等服务业最重要的出口国。印度侨汇① 位居世界第一。

尽管印度的交通方式齐全，但总体仍相对落后。其中，公路运输相对发展较快。2021 年，印度公路总长度约 621.6 万公里，但技术等级普遍较低、路况水平较差。高速公路和国道总长 13.6 万公里。印度的公路网承担了印度 90% 的客运量和 64.5% 的货运量。铁路也是印度主要的运输方式，总长度为 12.54 万公里，居于世界前列。但印度铁路硬件设施和服务水平并不高。

印度的公路主要分国家公路、邦级公路和农村公路三种。各种公路把全国各地的大中小型城市连为一体，形成一个巨大的公路网。

印度的国家公路路况相对较好，占全部公路总长的 2% 左右，承担着40% 以上的公路交通运输量。印度国道中没有类似中国的首都放射线公路，但全国从北到南的国道以偶数形式进行增量排列，从东到西的国道以奇数形式排列，这一安排与我国国道中以"2"和"3"开头的南北干线和东西干线相似。

印度的邦道，类似我国的省道，为邦内主要的干线公路。在国家级公路网中，邦道被视为国道的支线。印度的邦道路面较窄，普遍没有隔

---

① 指侨居在国外的本国公民或侨居在本国的外国居民汇回祖国的款项。

第四章　现代外国公路

147

离带，大多数也没有车道之分。路面一般为刚铺完路基，还未铺装路面的状态。

农村公路在印度公路网中占绝大比例，包括行政郊区路、村乡路和社区路。农村公路网由印度地方政府管辖，主要用来解决邦内各地"最后一公里"的交通运输，路况普遍较差，土路居多。正因为如此，印度相当部分农村公路雨季时泥泞难行，严重影响运输。

近些年来，印度一直致力于升级本国的公路基础设施，重点发展高速公路和国防公路。

小知识

印度拥有世界最大的公路网？

近几年来，中国的基建发展举世瞩目，高速公路网总里程已经跃居世界第一位。然而如果说到公路总里程，公认的世界第一是美国，截至 2022 年达到 685 万公里。同时期我国公路总里程达到 520 万公里。2019 年，印度官方宣布公路总里程达到 560 万公里，位居世界第二。2021 年，印度宣布公路总里程达到 800 万公里，位居世界第一。这是怎么回事呢？

在印度，公路的建设标准非常低，这是造成印度公路里程"世界第一"的原因。在我国只有达到交通运输管理部门相关要求的道路才称作公路，对于在农村田间或者自然形成的小路，不纳入公路统计范畴。但是在印度，只要是一条能供人或牲畜通行的道路，都会被统计进公路里程，因此有很多土路都被计算在内。印度虽然在账面上拥有世界上最长的公路网，

图 4-1-4　印度的公路

但是有一条及以上车道的铺装路面仅 1 万公里左右。印度路况最好的，要数国道，而大多数道路都没有经过水泥硬化，雨季通行情况不佳（图 4-1-4）。

除了路面状况差之外，印度的公路网所能提供的服务水平也较低。印度公路本身路况较差，路面上行驶的大多数是老旧车辆，而交通量却日益增长。因此，印度公路普遍存在快慢车辆混合通行，堵车严重，交通事故频发，沿途存在较多对公路用地的非法侵占，以及各种检查站频繁强迫车辆停车进行证件检查等情况（图 4-1-5）。

图 4-1-5　印度公路运输

三、巴基斯坦

中国和巴基斯坦之间的友谊源远流长，国内很多人亲切地称呼巴基斯坦为"巴铁"。你知道两国之间还有一条友谊之路吗？

巴基斯坦，意为"圣洁的土地""清真之国"。巴基斯坦 95% 以上的居民信奉伊斯兰教，是一个多民族伊斯兰国家，国语为乌尔都语。巴基斯坦位于南亚次大陆西北部，南濒阿拉伯海，东接印度，东北与中国毗邻，西北与阿富汗交界，西邻伊朗。海岸线长约 980 公里。南部属热带气候，其余属亚热带气候。首都为伊斯兰堡，原首都卡拉奇是其最大城市。巴基斯坦全境五分之三为山区和丘陵，南部沿海一带为沙漠，向北伸展则是连绵的高原牧场和肥田沃土。喜马拉雅山、喀喇昆仑山和兴都库什山这 3 条世界上有名的大山脉在巴基斯坦西北部汇聚，形成了巴基斯坦独特的自然景观。巴基斯坦国土面积约 79.6 万平方公里（不包括巴控克什米尔地区），人口 2.25 亿。2021 年国内生产总值 3463 亿美元，人均国内生产总值 1537 美元。巴基斯坦的经济结构主要是以农业为基础（占比超过 24%），最大的工业部门是棉纺织业。

巴基斯坦国内客货运输以公路为主。公路总里程 50.12 万公里。公路客运、货运分别占总量的 90%、96%。巴基斯坦铁路运营里程为 7791 公里。由于体制、资金和管理等原因，铁路建设长期停滞不前。公路里程和航空网规模的增加远远快于铁路。卡拉奇和卡西姆是巴基斯坦的两大国际港口，承担巴基斯坦国际货运量的 95%。巴基斯坦全境有 36 个机场，其中以伊斯兰堡、卡拉奇国际机场最为著名。

📖 小知识

中巴友谊之路

喀喇昆仑公路，又称中巴友谊公路，是我国西部连通巴基斯坦的唯一国际道路，北起中国新疆喀什，南至巴基斯坦北部的塔科特，以我国新疆红其拉甫为界，全长 1032 公里，其中中国境内 416 公里、巴基斯坦境内 616 公里。整条公路中国境内最低海拔 1154 米，最高海拔 4733 米，被评为"世界十大险峻公路"之一。

喀喇昆仑公路穿越喀喇昆仑山脉、兴都库什山脉、帕米尔高原、喜马拉雅山脉西端。喀喇昆仑公路沿途屹立着包括世界第二高峰乔戈里峰（8611 米）以及 100 多座超过 7000 米的高峰，属于地震高烈度区域。为了修建喀喇昆仑公路，中巴双方都付出了很多人力、物力、财力，前后总共约 700 人献出了宝贵的生命。这条路被《中国国家地理》杂志誉为"群山间的绸带"，世界各国媒体更是用三个"最"字来形容它："世界上最美的公路！全球最高耸的跨境道路！世界上最惊险的走廊！"（图 4-1-6）

图 4-1-6　喀喇昆仑公路实景

四、阿拉伯联合酋长国

这个沙漠国家的统一，据说和一条高速公路的修通有关。让我们来一探究竟。

阿拉伯联合酋长国，简称阿联酋，位于阿拉伯半岛东部，东部和东北部与阿曼毗邻，西部和南部与沙特阿拉伯交界，北临波斯湾，属热带沙漠气候，主要地形为平原、山地和洼地。阿联酋由 7 个酋长国组成，其中政治、经济实力最强的是阿布扎比和迪拜。

阿联酋国土面积约 8.4 万平方公里，人口约 1000 万。2021 年国内生产总值 4150 亿美元，人均国内生产总值 4.4 万美元。阿联酋是石油输出国组织（OPEC）成员国，国家经济以石油生产和石化工业为主。此外，阿联酋还大力发展以信息技术为核心的知识经济，同时注重可再生能源研发。

阿联酋公路网发达，公路交通便利，公路总长约 4080 公里，路面质量优良。此外，阿联酋的铁路主要服务于货物运输，已运营铁路约 300 公里，并启动了总投资约 110 亿美元、全长约 1200 公里的联邦铁路项目。阿联酋共有 16 个现代化港口，其中 9 个港口拥有集装箱货运码头，并配备了相应的仓储及其他先进设施。阿联酋有 39 座机场，其中较著名的有阿布扎比国际机场和迪拜国际机场等。

一条公路统一了一个国家?

如今穿梭于阿联酋各个酋长国之间的人们,可能完全无法想象那里20世纪60年代的情景。毕竟现在上午去阿布扎比开会,下午就可以回迪拜喝茶。

而在20世纪60年代,阿布扎比和迪拜还是互相独立的酋长国。它们有各自的警察、海关和安全部队,发展着自己独立的经济体系。当时,在不同酋长国之间往返是一趟漫长且充满冒险与无数未知的旅程。连接迪拜与阿布扎比的公路无人打扫。阿联酋又处于沙漠中,道路很容易被沙子掩埋。车辆开着开着就来到了沙漠之中,非常容易迷路。而且在迪拜和阿布扎比交界处还会有边检人员,仔细检查每一辆过往的车辆。

连接两个地区的E11高速公路于1972年建成,极大地方便了两地之间的往来,更促进了各酋长国从独立走向团结。此后,随着通行车辆的增多,E11公路经历了多次升级,直到现在形成了平坦宽阔的八车道高速公路(图4-1-7)。

图4-1-7 E11高速公路经过多次扩建后路况良好

这条在沙漠中修建的公路,如今已经成为整个阿联酋最令人瞩目的城市动脉。E11高速公路是阿联酋最长的高速公路,从最东边的拉斯海马一直向西连接到沙特阿拉伯。这条跨越整个阿联酋的公路，也见证了阿联酋的现代化发展史。

第二节 欧 洲

一、英国

英国是全球第一个完成工业化的国家。不过作为岛国，英国更加重视海运，高速铁路建设一般，高速公路的建设也不突出。

（一）国家概况

英国，全称"大不列颠及北爱尔兰联合王国"。本土位于欧洲大陆西北面的不列颠群岛，被大西洋和大西洋边缘的北海、英吉利海峡、凯尔特海、爱尔兰海包围。除本土之外，英国还拥有 14 块海外领地。英国本土分为英格兰、威尔士、苏格兰和北爱尔兰四部分。英国西北部多为低山高原，东南部为平原。泰晤士河是国内最大的河流。

英国国土面积 24.41 万平方公里，总人口约 6760 万，其中以英格兰人（盎格鲁－撒克逊人）为主体民族，占全国总人口的 83.9%。2021 年国内生产总值 2.2 万亿英镑，人均国内生产总值约 3.26 万英镑。服务业在英国经济中居于主导地位，占国内生产总值的 75% 以上。服务业中以金融业尤为发达，伦敦正是全球著名的国际金融中心。另外，英国在汽车制造、航空航天、电子通信等行业都具有很大的优势，也是全球重要科研基地之一。

英国交通基础设施齐全。陆路、铁路、水路、航空运输均较发达。英国铁路网规模为 1.7 万公里，全今未有高速铁路通车。1994 年英法海底隧道贯通，将英国与欧洲大陆的铁路系统连接起来。伦敦、曼彻斯特、伯明翰、爱丁堡等城市拥有发达的都市铁路网。英国共有 449 个机场，其中伦敦希思罗机场是世界上最繁忙的机场之一。英国亦拥有发达的港口体系，有 52 个港口年吞吐量在 100 万吨以上。

（二）公路发展概况

1. 基本情况

英国公路总里程约 39.76 万公里，面积密度高达 163 公里 / 百平方公里，高速公路约 3700 公里。根据编号的不同，英国道路分为高速公路（M）、A 级公路（A）、B 级公路（B）、C 级公路（C）和未分级公路（U）。A 级、B 级、C 级公路的认定由中央政府与地方政府协商确定。高速公路、A 级、B 级、C 级公路属于等级公路；U 级公路属于非等级公路，主要是城市和农村公路。

绝大多数高速公路与 A 级道路中的重要路线为干线公路（Trunk Roads），服务于全国性的过境交通，是国家战略公路网（即国道），在全国路网中具有最重要作用。2020 年，英国高速公路里程达 0.37 万公里，A 级公路里程达 4.75 万公里。高速公路以及 A 级公路又都分为骨干线路和重点线路，高速公路中的骨干线路占比为 99%，A 级公路中的骨干线路占比为 18%。次要公路由 B 级、C 级和 U 级公路组成。到 2020 年底，B 级公路里程为 3 万公里，C 级和 U 级公路里程达 31.7 万公里。

从公路网的分布来看，英格兰境内公路里程为 30.5 万公里，苏格兰境内公路里程为 5.9 万公里，威尔士境内公路里程为 3.4 万公里。

2. 公路管理体制

英国公路实行三级管理体制，即运输部、公路署和地方公路管理部门。运输部负责全英综合运输网；公路署负责高速公路和干线公路网的规划、建设与养护管理；其他道路由郡议会和大都市当局负责。

从管理和养护的角度，英国公路分为国家公路和地方公路两类。国家公路（高速公路和 A 级公路中的骨干线路）由英国国家公路管理部门管理。地方公路是公路网的主体，由地方公路交通主管部门管理，包括所有的次要公路（B 级、C 级和 U 级公路），以及部分主要公路（高速公路和 A 级公路中的重点线路）。

3. 资金筹集

英国公路建设养护管理资金来源主要为中央税和地方税。高速公路和国道资金由中央财政负担，直接由公路署编制使用计划，经国会审议通过后拨付给地方。地方公路养护资金的 3/4 来自中央政府，剩余部分由地方政府承担。为保证资金使用透明度，中央政府规定地方公路管理部门必须在政府网站上公布每年资金的使用情况。

4. 公路养护

英国公路养护管理模式灵活多样，有以下几种典型合同模式：

（1）养护代理合同和养护承包合同。在区域内选择一个养护代理和一个养护承包商，养护代理代表业主进行养护管理，养护承包商负责实施养护工程，合同期限一般为 3 年。

（2）养护代理承包合同。该合同是目前英国公路养护管理中最常用的合同形式，范围包括路网管理、日常性和周期性养护、设计与施工活动。承包商在承包期间内对其作业活动从开始到结束全流程负责，合同期限一般为 5 年，最长可至 7 年。

（3）设计 + 施工 + 投资 + 运营（养护管理）合同。目前英国有部分路段采用这种合同方式。该合同的特点是承包商负责公路的设计、建设、投资和运营，包括公路的日常养护和后期的改善工程，合同期一般为 30 年。

小知识

英国公路零起点

查令十字（Charing Cross）位于伦敦西敏市的交汇路口，是伦敦的传统中心点，也是英国的公路和铁路里程零基准点（图 4-2-1）。查令十字是一个见证英国历史变迁的地方。

查令十字的准确位置是河岸街、白厅街和科克斯勒街（Cockspur Street）3 条道路的交会处，位于特拉法尔加广场正南。查令十字得名于古代立在此地的一座埃莉诺十字（Eleanor Cross），这是 13 世纪末英王爱德华一世为纪念死去的埃莉诺王后所建的

12座顶端为十字架的纪念碑之一。因坐落于伦敦城西郊的查令村内，被称作"查令十字"。查令村的埃莉诺十字在1647年英国内战中被议会派掌握的革命政府下令拆毁。王室复辟后的1675年，一座被保皇党保护下来的查理一世骑马铜像被放置在原来埃莉诺十字的位置上，直至今日。

图4-2-1　查令十字路口

18世纪中叶起，随着伦敦的发展和扩张，查令十字开始被认为是伦敦的中心。19世纪的多项针对伦敦的法令，都将法律有效范围定义为查令十字四周的6~12英里内。

1864年，位于查令十字附近的查令十字火车站和相连的查令十字饭店建成。第二年，铁路运营商在车站饭店建筑前重建了埃莉诺十字。新的埃莉诺十字位于原建筑遗址以东49米，比原建筑更为精美、高大。如今我们在查令十字处看到的2座雕像至此形成（图4-2-2）。

作为伦敦的中心地区，查令十字附近巴士网和地铁站线密集。离查令十字最近的火车站和伦敦地铁站是查令十字火车站，此外，附近的主线火车站还包括位于泰晤士河对岸的滑铁卢东站和滑铁卢车站。附近的查令十字路现在是伦敦最著名的书店街，有各种专业书店及二手书店，其中最为闻名的是蜿蜒肆书店（Foyles）。威斯敏斯特市政府主办的查宁阁图书馆（Charing Cross Library）位于查令十字路上，这里也是伦敦规模最大、藏书最多的公共中文图书馆。

图4-2-2　查令十字雕像和美术馆

（三）公路发展历程

1. 起源

为了更好地满足长距离通行和过境交通的需要，1936年英国国会通过了干线道路法案，提出了干线道路的概念。干线道路规划里程为7174公里，直接归中央政府管辖，这些道路是具有全国性的重要过境道路（Through Routes）。干线道路的提出，保证了路面和桥梁的连续一致，以及必要的道路加宽，对城区实行绕行。当时的英国干线道路没有特定的标准，也没有独立的编号。A级道路成为干线道路后，仍旧使用原来的道路编号。当时建成的干线道路的里程为4900公里，约占全国道路总里程的1.7%。

第二次世界大战爆发后，为了进一步服务于战时的军事行动，英国中央政府加强了对主要道路（Major Road）的控制。到1943年，干线道路的里程达到1936年干线道路法案中的规划目标。战争结束后，为了尽快恢复经济，在地方政府财政普遍困难的情况下，英国中央政府将更多重要的道路纳入其管理范围，并在 1946 年通过了新的干线道路法案，将 1936 年的干线道路网扩展到了 13178 公里。该法案还规定，运输部要经常对干线道路网进行重新评估，并在考虑国家、地方和农业发展的基础上，根据实际情况，通过增加干线道路（Trunking）或者道路降级（De-trunking），扩展、改善并重构国家公路网。1947 年法案通过将重要的 A 级道路纳入干线道路网络，使干线道路网络立即达到了 1946 年干线道路法案的规定里程。此后，随着汽车的普及以及人们出行距离的增长，干线道路的里程仍在不断增长，但是增速比较缓慢。1947 年到 1957 年的 10 年时间里，干线道路里程仅增加了 191 公里。

2. 发展

随着汽车的普及使用，同时受到美国、德国和意大利的影响，英国政府从 1946 年起开始考虑建设高速公路，以满足迅速增长的机动化需求。1949 年，议会通过了高速公路法案，为高速公路建设奠定了法律基础。考虑到高速公路的重要性和服务长途交通的功能，将其定位为干线道路，并将其相应的管理职能赋予运输部。

1959 年，英国开通了第一条高速公路 M1，由此拉开了高速公路建设的序幕。20 世纪 60 年代，英国高速公路得到了快速发展。到 1970 年，高速公路里程达到了 1022 公里。此后由于环保主义者的反对和石油危机的影响，从 1976 年开始英国高速公路建设受到了很大的制约，快速发展期宣告结束。

英国高速公路多是沿着原来的干线道路建设的，通车后逐渐代替了原来干线道路的功能，高速公路的建设和管理也成为中央政府的工作重点。原有干线公路开始被降级为一般的 A 级道路，其管理权也被移交给地方政府。从 1976 年到 1996 年的 20 年间，被降为 A 级道路的原干线道路达到 1700 公里。

到 1996 年，英国干线道路为 14967 公里，其中高速公路 3298 公里。干线道路与 1970 年相比，里程没有太大变化，但是由于增加了 3000 多公里的高速公路，其服务质量得到了巨大的提高。

3. 调整

1997 年上台的布莱尔政府，实行了与前届政府不同的政策：限制道路的建设，实行统一的运输政策，并发布了运输新政白皮书，原来新建道路的优先地位被对现存道路进行维护和管理所取代。1999 年发布了英格兰干线道路新政，2000 年发布了 10 年运输规划白皮书，对英格兰地区的干线道路网进行了再认识和重大调整。

（1）干线道路是整个运输系统的重要组成部分，它的发展和管理不能与其他运输方式和道路相互隔离，应将运输网络作为一个整体看待。同时，必须将干线道路纳入区域规划中，注重其在区域可持续发展中的重要角色；保证与区域土地使用规划相协调，从而使干线道路更加具有战略性和全局性。

（2）建设具有全国意义的核心干线道路网。这部分道路占目前干线道路网的 60%。这些道路的建设原则是：连接主要的人口中心；连接主要的机场、港口和火车站；连接边缘地区；进入苏格兰和威尔士的关键道路；泛欧公路网的一部分。

为使干线道路建设更好地与土地利用规划和当地新的运输规划相一致，非核心干线道路将被转交给地方公路管理部门管理。

二、德国

德国是世界上第一辆汽车和第一条高速公路诞生的地方。

（一）国家概况

德国是位于中欧的联邦议会共和制国家，北邻丹麦，西部与荷兰、比利时、卢森堡和法国接壤，南邻瑞士和奥地利，东部与捷克和波兰接壤。德国由 16 个联邦州组成，首都柏林。德国的地形多样，有连绵起伏的山峦、高原台地和丘陵，也有秀丽的湖泊及辽阔的平原。

德国国土面积 35.8 万平方公里，人口约 8470 万，是欧盟中人口最多的国家，以德意志人为主体民族。2021 年国内生产总值 3.57 万亿欧元，人均国内生产总值约 4.29 万欧元。德国是欧洲最大的经济体，也是欧盟的创始国之一。以汽车和精密机床为代表的高端制造业，是德国的重要象征。

德国是欧洲邻国最多的国家。欧盟国家的巨量经济往来，也使德国成为欧洲客货运输的枢纽地区，综合交通系统十分发达。德国铁路网总长度4.8万公里。其中，高速铁路超过3000公里，通达德国境内多数大城市，时速最高可达300公里。德国有107座机场，其中最著名的是法兰克福机场。德国有121个港口，其中汉堡港为德国第一大、欧洲第二大港口，是"德国通向世界的门户"。

（二）公路发展概况

1. 基本情况

德国公路总里程约65万公里，面积密度高达180公里/百平方公里，高速公路约1.3万公里。德国的公路分为高速公路、联邦道路、州公路、市镇公路和地方公路五个级别。

德国是世界上最早拥有现代高速公路的国家，在1932年就修建了世界上第一条高速公路——波恩至科隆的高速公路。现在德国高速公路网络规模居世界第四（位于中国、美国和加拿大之后）。德国高速公路在传统上没有限速，但随着车辆的增加，许多经过城镇的路段（大约占50%）都先后有了限速规定。穿越全国的东西向主要高速公路以个位数的偶数编号，南北向的道路则以奇数编号。用来连接区域性重点城市间相对短里程的高速公路，则以两位数编号。

小知识

德国高速公路限速吗？

德国的高速公路不是很宽，大多为标准的双向四车道，路面非常平整（图4-2-3）。德国曾是世界上为数不多的高速公路不全面限速的国家之一，被称为"飙车族的天堂"。但在高速公路的弯道、分道或路况不佳地段，均会有限速或建议时速的标志。在车流高峰期，临时限速的电子显示牌也会被启用。在德国的高速公路上，时速达到180公里是常态，经常会有时速200多公里的车辆不断从旁边超过。幸运的是，由于德国人普遍遵守交通规则，高速公路上车祸的发生率并不比有限速的国家更高。

图 4-2-3　德国的高速公路

此外，接近城区的高速公路一般也有限速。尽管德国目前仍有一部分高速公路不限速，但是并不是对所有车型都无限速规定。对某些车辆，如载重汽车、大型公共汽车等，设有最高车速限制。

关于高速公路限速的问题，德国国内已经有过很多争论。随着德国不来梅州对其境内高速公路全面限速以来，德国已有数个州立法对高速公路实行限速。2022 年 5 月，德国各州环境部长在部长会议上达成一致，同意对高速公路全面限速，以减少能源消耗和对进口天然气的依赖。

2. 公路管理体制

德国联邦高速公路和联邦公路是国家干线公路，具有国道性质，归联邦政府管理。具体事务由联邦交通部下属的道路司负责。公路建设、运维、管理等所需资金，全部由联邦政府支出。联邦政府对高速公路和联邦公路主要进行宏观管理，不进行直接管理，具体包括制定全国公路行业的总体发展规划、发展战略和政策，进行项目审批和监督等。公路所在州的交通部门代表联邦政府管理具体工作，包括公路的规划、设计、建设和养护等。

3. 资金筹集

德国联邦高速公路和联邦公路建设及养护资金由联邦政府直接拨款，资金主要来源于成品油消费税、一般税收及联邦政府发行的债券。资金使用由联邦交通部公路局与各州政府根据具体情况编制计划，经过联邦议会审议通过后，列入国家预算并执行。

州道建设和养护资金来源包括州财政收入和联邦政府补贴。其中，州财政收入包括汽车税、一般税收和地方债券。

县乡公路建设和养护资金来源主要是县财政收入、联邦政府和州政府的补贴。

4. 公路养护

德国的高速公路由联邦政府提供资金，由州政府直接进行养护管理。高速公路一般每 50~60 公里设一个养护管理站，配有各种维修和养护机械设备，负责承担全部的养护管理工作。这是一种纵向的高速公路养护管理体制，具有正规化、专业化的优点，能满足高速公路大流量、快速、高效、安全的运营要求。德国公路养护的机械化程度较高，公路养护部门一般配有多功能养护车、冬季综合养护车、路面清扫车、涵洞清洗车、桥梁检测车、标志维修车等一系列大型专用维修养护设备。

（三）公路发展历程

1. 起源

1910 年后，德国国内汽车数量迅速增加，汽车逐渐代替马车成为人们主要的出行工具，越来越多的车辆出现在道路上。为适应这一新情况，1921 年道路建设管理者们成立了道路建设协会，并于 1924 年提议将现有的州道升级为全国意义的干线道路。同年，道路建设协会提出了"德国公路网"的概念，将 1.5 万公里的乡村道路提升为干线道路。这两个规划互相补充，最终形成了 1930 年划定的德国干线道路网，即国道系统。

2. 发展

20 世纪 20—30 年代，随着汽车出行的大量增加，交通运输主管部门逐渐认识到，仅凭划定的干线公路网并不能满足汽车通行的新需求。为解决这个问题，德国在世界上首次提出了建设专门服务于汽车的道路——高速公路，并提出建设以柏林为中心的国家高速公路网。在第二次世界大战爆发前，德国已经建成了近 30 条高速公路，总里程约 3000 公里。

1949 年联邦德国成立，开始实施道路"干线化"（新建高速公路以及部分州道升级为联邦道路），强化干线道路的作用。1953 年，联邦政府通过的干线道路法案，对于联邦干线道路系统的目标、功能和路线进行了较大调整，提出：联邦干线道路系统应该形成一个能够推动长距离汽车交通的公路网络，联邦高速公路的唯一目的就是保证道路交通的快速便捷。从 1959 年起，联邦德国进入高速公路大规模建设时期，到 1986 年，联邦德国高速公路里程从原来的 2420 公里增长到 8350 公里。

在高速公路快速发展的同时，联邦政府一直进行着州道升级为联邦干线道路以及联邦干线道路降级为州道或其他道路的调整。一方面，许多联邦道路的功能被新建的平行高速公路代替，于是被降级为州道或市镇道路；另一方面，联邦政府为缓解一些州的州政府和市镇的财政压力，将许多带有联邦性质的州道升级为联邦干线道路。同样地，市镇则以联邦干线道路市镇过境段升级为联邦干线道路的方式，进行市镇过境段升级（当时设定了以人口为标准，决定过境段是否升级为联邦干线道路）。这一时期，由于公路升级、降级并存，联邦干线道路网的总里程并没有发生很大的变化，但是公路网的质量却有了根本提高。

相对于联邦德国（西德），民主德国（东德）在第二次世界大战后的公路建设相对缓慢。截至 1983 年底，民主德国共有公路 10.7 万公里，分四个等级：高速公路、国道、区（相当于我国的省）级公路和地方公路。大部分公路修建于战前，其中高速公路约 1800 公里、国道 1.16 万公里。民主德国的运输部统管公路、铁路、水路和民航等各种运输方式。另有交通建设部负责交通设施的施工。运输部公路总局下设高速公路管理局，管理全国的高速公路。其余三级公路都是双重领导，行政上归区管辖，业务上归部领导，以便执行统一的方针政策。新建公路时，由运输部下属的设计机构提出设计，委托交通建设部施工，竣工后交付运输部管理，后者还负责公路和桥梁的养护维修。

3. 调整

经过 30 多年的发展，到 20 世纪 80 年代初期，联邦德国社会经济和基础设施发生了很大变化，高速公路网已经基本形成。此时，联邦干线道路的发展目标有了新的变化，包括：保证多年的充分就业；注重环境保护，降低道路建设对环境的影响；消灭道路网之间的空白地区；降低运输成本。这一时期，政府将注意力更多地集中在如何优化现存干线道路网络及进一步挖掘路网潜力上，如加密路网、填补空白地带、建设环路、将边缘地区融入公路网络等。

1990 年德国统一后，联邦交通部将原民主德国的干线公路（1900 公里高速公路和 11690 公里国道）纳入其管理范围，并重新规划了连接东、西部地区的干线公路网。

三、法国

法国是否是你心目中充满浪漫气息的国度？其实它的公路也充满了浪漫气质。

（一）国家概况

法国，位于欧洲西部，北邻比利时、卢森堡、德国、瑞士，东接意大利、摩纳哥，南连西班牙、安道尔，西北隔英吉利海峡与英国相望。法国行政区划分为大区、省和市镇。法国本土划为 13 个大区、96 个省、34935 个市镇，还有 5 个海外单省大区、5 个海外行政区和 1 个地位特殊的海外属地。法国本土西部属温带海洋性气候，南部属亚热带地中海气候，中部和东部属大陆性气候，地形主要由平原、丘陵和高原组成。

法国总面积 55 万平方公里（不含海外领地），总人口 6800 万（不含海外领地）。2021 年国内生产总值 2.96 万亿美元，人均国内生产总值 4.37 万美元。法国是欧洲最大的农业生产国，核电、航空、航天和铁路产业在世界上具有优势。

彩　色　公　路

　　在法国巴黎的东北，有一条长达 32 公里的彩色公路。这条彩色公路根据道路情况和道路方向，分别在路面上涂抹了多种不同的颜色（图 4-2-4）。

图 4-2-4　彩色公路

　　给公路涂上颜色不只是为了美观，还希望通过使用暖色（红色）、冷色（蓝色）等各种颜色的变化，逐渐替代普通公路路面和交通标志的单调颜色，消除驾驶员产生的紧张、烦躁等感觉。驾驶员随时可以根据沿途路面的色彩和图形，作出正确判断，采取必要的措施，确保交通安全。通常情况下，暖色（红色）可以使驾驶员提高警觉，常被涂抹在临近闹市区或即将拐弯的地段，提醒驾驶员要谨慎驾驶；冷色（蓝色）能够使驾驶员产生一种轻松感。另外，还采用球形或锥形的有色图形，标明路面的升降情况。该路段还会在每座桥梁的桥头涂以不同的颜色，用来标明东南西北不同方向，既美观又实用。

　　法国交通运输发达，水、陆、空运输均十分便利。法国公路网是世界最密集的，公路里程也是欧盟国家中最长的，总长度超过 110 万公里，其中高速公路 67 万公里。2020 年，公路运输约占法国境内货物地面运输总量的 88.4%。法国铁路总里程约 2.8 万公里，其中高速铁路里程约 2700 公里，居世界第四，铁路运输量居欧洲第二位。法国有 123 个港口，主要港口有马赛港（欧洲第三大港）、勒阿弗尔港和敦刻尔克港，75% 的进口物资和 20% 的出口物资通过水路运输。法国共有机场 494 个，主要机场有戴高乐机场、奥利机场和尼斯蔚蓝海岸机场。

小知识

"死亡竞速"公路

在《圣经·出埃及记》中有这样一个故事：先知摩西带领希伯来人逃离埃及时，在红海遭遇埃及法老的追兵。上帝使红海分开，让希伯来人穿越红海到达彼岸。之后，红海又再次合拢，淹没了全部的追兵。法国的"海上公路"——格伊斯通道，在现实中再次展现了这个故事的场景，因此被称为现实版圣经海路（图 4-2-5）。

图 4-2-5　格伊斯通道

1840 年修建的格伊斯通道（Passage du Gois）位于海面上，是滨海博瓦（Beauvoir-sur-Mer）连接努瓦尔穆捷岛（Île de Noirmoutier）的一条公路。这是一条"疯狂公路"，因为其两侧都是海水，随着潮汐涨落而变化，一天内只有两段时间可以通车，其余时间则都被海水所淹没（图 4-2-6）。

图 4-2-6　涨潮时公路被淹没

　　所以经过这条公路时除了担心会不会堵车，还要考虑会不会碰到涨潮，时机要把握得十分得当。

　　该路全长 2.58 英里（约合 4.2 公里）。每当涨潮时，在这条公路上行驶的车辆就会上演"生死时速"，需要一路狂飙才能顺利通过，否则就会被海水淹没，只能自救或者等待救援。因此，格伊斯通道也号称是世界上最危险的公路，葬送了无数的交通工具。

　　这条公路也成为当地的热门旅游目的地，许多游人都争相前去见识、体验这条危险又奇特的"死亡竞速"公路。

（二）公路发展概况

1. 基本情况

法国公路由高速公路、国道、省道和市镇辖道四种道路构成，分别由中央政府、省和市镇负责投资与管理。

2. 公路管理体制

法国公路管理施行公路国家统一所有、政府分级管理的体制。

法国公路管理机构包括中央政府机构、地方政府机构和特许经营机构。中央政府机构即公共工程、运输和旅游部（以下简称"运输部"），具体职能部门为该部下设的公路局。地方政府机构主要为省级政府交通主管部门，其下设有公路管理部门。

高速公路和国道由中央政府负责修筑管理。它们连通全国各大中城市，连接各省省会，还与国际高速公路相连。法国的国际高速公路东接意大利，南连西班牙，北达比利时与德国。法国的省道是各省内部的交通要道，由省议会责成地方公路团修建和管理，经费由各省自筹，中央酌情资助。市镇辖道是连接市镇之间的道路，由市镇筹资修建管理，中央、省政府予以酌情补助。

3. 公路养护

法国的收费公路养护资金在公路通行费中列支；国道和非收费高速公路养护费用由中央财政负担，并且由公路局编制资金使用计划，经过国会审议通过后，拨付给地方；省道由省财政负担，中央财政进行补贴；市镇辖道依靠中央财政和省财政补贴，其余资金通过民间筹措。

法国公路网通常被划分成区段，每段负责 100 公里左右的公路，并设 1~2 个管理中心，负责该路段的养护和管理。养护管理部门利用路面管理系统，实施预防性养护。路面管理系统的数据来源于巡逻车、摄像机和各类路面检测车等。为随时监督公路网络质量状况，公路养护管理部门需依据不同的公路等级设定路巡频率。路巡结束后，将收集的数据资料输入管理中心计算机，进行打分评定，以确定养护方案。

小知识

可怕的隧道火灾

隧道在公路交通中扮演着重要角色，极大地提高了通行效率。然而，隧道带来的风险也不容小觑，其中较大的安全隐患就是隧道火灾。当隧道发生火灾时，后车很难及时了解到前车状况，火灾产生的烟雾在隧道中会快速蔓延，而且从外部施加救援也更为困难。

在人类交通史上，有一场十分可怕的隧道火灾——勃朗峰隧道火灾，让人们见识到了隧道发生火灾的恐怖，以及深陷其中时人们的绝望。1999年3月24日上午，一辆载有9吨食用黄油和12吨面粉的货车，从法国往意大利方向驶入勃朗峰隧道。这辆货车开到隧道正中间（大约6.7公里）的时候，驾驶员吉贝尔发现迎面开来的车都对他闪灯预警，他意识情况不对，从后视镜里看到货箱里正在冒着白烟后，他立刻停车拿出灭火器尝试灭火。但由于货车上装的是易燃的面粉和黄油，自行灭火失败后，他决定弃车逃跑。大火蔓延开来后，在封闭的隧道里很快产生了1000摄氏度的高温，把部分照明的供电线路烧毁。起火路段变得漆黑一片，再加上烟雾，把很多车辆困在了隧道里。这些驾驶员看不到周围的情况，进退两难，有的还以为是前方施工，并没有当回事。接下来连续有车胎被烧爆，他们才反应过来。意大利和法国的消防车到达现场后，由于火势太大，根本无法进入隧道。有些胆大的驾驶员顶着浓烟往外跑，但是大多数人不愿意冒险，坐在车上关着门窗，等待消防队前来救援。还有一些求生意识比较强的人，找到了防火的避险室，躲在了里面。隧道避险室只能抵御800摄氏度约4个小时的火灾，而这一卡车的黄油烧了53个小时，温度在1000摄氏度以上。

隧道内浓烟滚滚并传出数声爆炸。大火燃烧所产生的高温使这条隧道的混凝土穹隆全部沙化，铺路的沥青则全部被烧成了泡沫翻腾的黏稠浆体。第一批前来营救的消防队员身背氧气装置进入隧道，试图营救里面的幸存者。但没过多久，他们就满脸漆黑、大汗淋漓地撤了出来。营救工作非但没有成功，还有1名消防队员以身殉职。后来消防队员们一直等到大火自然熄灭，隧道冷却到可以进入时才再次前往救援，这时已经是事故发生的第五天了。这场震惊世界的勃朗峰隧道大火，共造成38人死亡，经济损失超过30亿欧元，成为迄今为止伤亡最惨重的隧道火灾（图4-2-7）。

事后，勃朗峰隧道关闭了足足3年。法国、意大利两国在复建隧道过程中，提高了隧道的火灾防范等级。虽然很多时候火灾不可避免，但是让事态严重到不可补救的原因有很多。单就这场火灾而言，两个国家的救援队没有妥善协调，火灾监控设备出现问题，隧道内安全设施的不完善，以及当事者没能及时采取应急自救措施等，都是严重后果的原因。必须以此次惨痛的火灾为鉴。一方面提高隧道的安全管理水平；另一方面警示通行者应该更注重自身安全，学习自救技能，争取在灾难中有更大的生存机会。

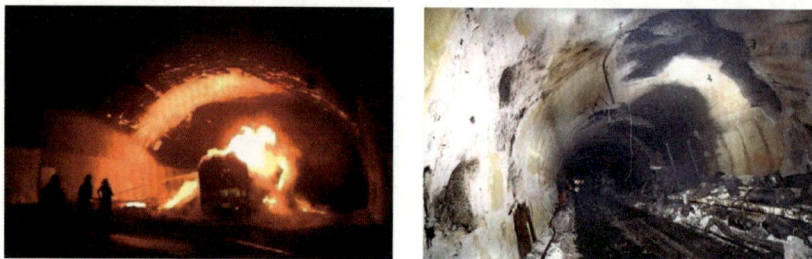

图 4-2-7　救火时的场景（左）和火灾后的惨状（右）

四、意大利

意大利，一个盛产美景、美食和歌剧的国家。让我们一起从公路看看意大利吧。

意大利主要由南欧的亚平宁半岛及位于地中海的西西里岛与撒丁岛等岛屿组成。北与法国、瑞士、奥地利、斯洛文尼亚接壤。意大利领土中还包含着 2 个微型国家——圣马力诺和梵蒂冈。意大利划分为 20 个行政区、101 个省、8003 个市（镇）。北部为阿尔卑斯山脉，山脉南侧为波河平原，中部和南部为亚平宁山脉。

意大利国土面积为 30 万平方公里，人口约 5899 万。2021 年国内生产总值 1.78 万亿欧元，人均国内生产总值 3 万欧元。意大利共拥有 60 项联合国教科文组织认定的世界遗产，是拥有世界遗产最多的国家。意大利在艺术和时尚领域处于世界领先地位。米兰是意大利的经济及工业中心，也是世界时尚之都。意大利经济结构以服务业和制造业为主，服务业占国内生产总值的 2/3。

忽视公路养护的悲剧——莫兰迪大桥的坍塌

莫兰迪大桥（Ponte Morandi）位于意大利北部 A10 高速公路（热那亚至萨沃纳）的热那亚段，是连接法国 A10 高速公路和继续向北延伸至米兰的 A7 高速公路的主干道。莫兰迪大桥始建于 20 世纪 60 年代，长 1182 米、宽 18 米，最高处距离地面 90 米，为多跨斜拉桥，由支架和斜拉索共同承重，斜拉索由钢索外部包裹预应力混凝土制成。该桥是人类桥梁建设史上著名的工程案例，也是欧洲第一座多塔混凝土斜拉桥。

2018 年 8 月 14 日，这座大桥轰然坍塌，砸向桥下的铁轨（图 4-2-8）。桥上的轿车和货车也一并坠落，至少 10 辆车卷入事故，造成 43 人死亡，多人受伤。

图 4-2-8　大桥坍塌现场

事后，意大利负责调查大桥事故的专家组和权威机构通过对大桥残留部分进行取样化验分析，公布了大桥坍塌事故调查报告。报告认为，造成莫兰迪大桥突然坍塌的原因，主要在于对桥梁的维护保养不善。桥梁养护的缺陷直接缩短了桥梁的使用寿命。大桥处于近海的环境，钢筋长期暴露在外，直接造成了硫化物和氯化物对钢筋的腐蚀，从而降低了大桥的承载能力。

从这个事故可以看出，公路的合理养护对于延长公路使用寿命和保障交通安全的重要性，必须高度重视。

意大利交通基础设施较齐全。国内运输主要依靠公路，铁路、水路和航空运输也较发达。意大利全国公路总长 65.5 万公里，其中高速公路总计 6661.3 公里，为欧洲第四。意大利公路面积密度为欧洲第三，占欧洲全部路网规模的 16.2%。公路的客货运量均占全国客货运量的 90% 左右。

意大利铁路网总长 1.9 万公里，铁路线经过很多隧道。其中，穿越阿尔卑斯山，连接奥地利因斯布鲁克和意大利福尔泰扎的铁路隧道全长 55.6 公里，是目前世界上第二长的铁路隧道。意大利是欧洲最早实行铁路高速化的国家，高速铁路总里程达到 2358 公里。

意大利水运系统发达，海运占主要地位。意大利有热那亚、那不勒斯、威尼斯等 19 个主要港口。

意大利共有 98 个机场，航空运输具有先天优势，至欧洲和地中海主要城市的飞行时间均不超过 3 小时。

小知识

意大利最美丽的阿马尔菲海岸公路

位于南意大利的阿马尔菲海岸（Costiera Amalfitana），不但拥有瑰丽壮美的南欧自然风光，更有深厚的人文底蕴，是意大利最壮观的海岸线之一。沿该海岸线的主干道是全球最美的自驾游路线之一。1997 年，阿马尔菲海岸被联合国教科文组织世界遗产委员会作为文化遗产列入《世界遗产名录》，也曾经被美国的《国家地理》杂志评为一生必去的 50 个地方之一，被誉为"人间天堂"。

整个阿马尔菲海岸绵延大约 50 公里，只有一条沿悬崖的主干道，一边贴着山，一边临着海，九曲十八弯。这里山势陡峭，悬崖景观摄人心魄（图 4-2-9）。

沿该主干道可开车从阿杰罗拉出发，经过盛产柑橘、柠檬和油橄榄的苏莲托，最终到达小镇波西塔诺。

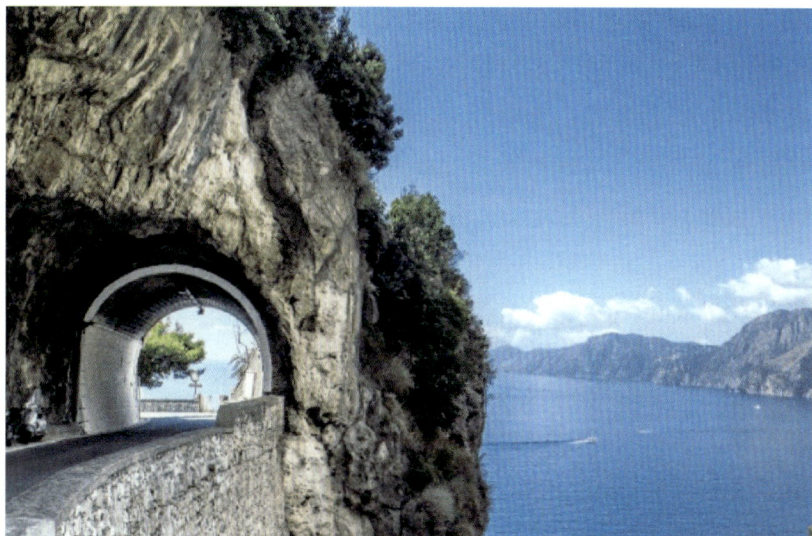

图 4-2-9　阿马尔菲海岸公路

　　苏莲托是意大利那不勒斯海湾的一个市镇（图 4-2-10），镇名来自希腊文，意思是"苏莲女仙的故乡"。这里临近大海，风景优美，被誉为"那不勒斯海湾的明珠"。苏莲托的许多建筑建在临海的悬崖峭壁上，景象壮观。

　　波西塔诺位于意大利南部的阿马尔菲海岸，被誉为"地中海最美丽的小镇"（图 4-2-11）。小镇上的住房依山而建，面朝着美丽的地中海。五颜六色的房子坐落在悬崖边上，配上湛蓝色的海水与蔚蓝色的天空，简直美不胜收。

图 4-2-10　苏莲托

图 4-2-11　波西塔诺小镇

20 世纪 50 年代，约翰·斯坦贝克（1962 年诺贝尔文学奖得主）造访波西塔诺。他在游记中写道：波西塔诺是一个梦乡。你在时，它不很真切；你离开后，它变得栩栩如生。在你灵感涌现的时候，这个小镇丝毫不会打扰你的思绪。那些房屋攀在如此陡峭的山崖上，它们本身便是山崖，只是其间刻有台阶。

五、俄罗斯

俄罗斯，拥有世界第一国土面积的大国，天气寒冷，人口稀少。居民交通出行会有什么有趣的故事呢？

俄罗斯，位于亚欧大陆北部，地跨亚欧两大洲。俄罗斯包括 22 个自治共和国、46 个州、9 个边疆区、4 个民族自治区、1 个自治州、3 个联邦直辖市。俄罗斯地势西低东高，四大地形区自西向东依次是东欧平原、西西伯利亚平原、中西伯利亚高原和东西伯利亚山地。

俄罗斯总面积 1709.82 万平方公里，是世界上面积最大的国家，人口 1.46 亿，主体民族为俄罗斯族。2021 年国内生产总值 1.78 万亿美元，人均国内生产总值 1.2 万美元。俄罗斯继承了苏联大部分军事力量，拥有世界上最大的核武器库。自然资源十分丰富，各种资源品类多、储量大、自给程度高。森林覆盖面积、木材蓄积量、天然气已探明蕴藏量、铁蕴藏量、镍蕴藏量、锡蕴藏量均居世界第一。

俄罗斯的铁路、公路、水路、航空各类运输方式都在国民经济中起着重要作用。由于地理和气候原因，铁路运输是俄罗斯最为发达的运输方式。全国铁路里程约为 8.7 万公里，位居世界第三，其中电气化铁路里程约 4.3 万公里，大部分位于欧洲，亚洲部分只有西伯利亚大铁路。西伯利亚大铁路连接俄罗斯首都莫斯科和远东城市符拉迪沃斯托克（海参崴），全长 9288 公里，是世界上最长的铁路线。

2020 年，俄罗斯公路里程 109 万公里，拥有横跨东部和西部的公路。俄罗斯的高速公路里程较少。从 20 世纪 90 年代至今，俄罗斯只建成了一条大型高速公路，即莫斯科与圣彼得堡之间的 M11 高速公路，长度约为

669 公里。俄罗斯大部分地区都有漫长且寒冷的冬季,季节性冻土对高速公路建设来说是一个巨大的挑战。

俄罗斯大部分港口结冰时间长,造成海运很不发达。俄罗斯拥有 1200 多座机场,排名世界第五。

📓 **小知识**

不通公路的首府城市

堪察加半岛位于亚欧大陆东北部俄罗斯远东地区,属于堪察加边疆区。堪察加半岛西临鄂霍次克海,东邻太平洋和白令海,长 1250 公里,面积 37.2 万平方公里,是俄罗斯第二大半岛。首府堪察加彼得罗巴甫洛夫斯克是该地区最主要的城市和港口。

在俄语中,"堪察加"的意思就是"极其遥远的土地"。虽然堪察加半岛的位置比较偏远,但景色非常优美,植物资源和动物资源都非常丰富。这里生活着大量棕熊,可以直接看到棕熊捕鱼(图 4-2-12)。此外,堪察加半岛有许多温泉和喷泉,是温泉爱好者理想的旅游目的地。

图 4-2-12 堪察加半岛的美景

堪察加半岛特有的景致吸引了大量游客,有的来自俄罗斯国内,也有的来自世界各地。因为堪察加半岛与外界不通铁路和公路，海运又比较费时，因此空运就成了绝大部分外来游客最主要且便捷的交通方式。堪察加内部也没有铁路，因此主要靠汽车出行。即使这样，其铺设有硬质路面的公路总长仅为 1176 公里。

为何堪察加半岛不通铁路和公路呢？主要有三个原因：第一，气候原因。堪察加半岛地处高纬度地区，气候非常寒冷，冬天的最低温度可以达到零下 50 摄氏度。而且此地冬季漫长，大部分地区被冻土覆盖，冬天降雪多。第二，地质原因。堪察加半岛多温泉和喷泉，地壳不稳定，火山活动、地震活动都比较频繁。当地有 127 座火山，近 200 年来还发生了 150 多次地震。第三，人口稀少。堪察加半岛面积约 37 万平方公里，但人口只有 30 万。其中 24 万人生活在首府堪察加彼得罗巴甫洛夫斯克，大部分土地是无人区。而且堪察加彼得罗巴甫洛夫斯克（图 4-2-13）位于半岛的南端，需要修建 1200 公里公路，才可以与俄罗斯路网连接。

图 4-2-13　堪察加彼得罗巴甫洛夫斯克

六、塞尔维亚

有人用"欧洲巴铁"来形容中国和塞尔维亚的关系。如今"一带一路"的建设，已经在塞尔维亚结出丰硕的果实。

塞尔维亚是位于欧洲东南部、巴尔干半岛中北部的内陆国，与黑山、波斯尼亚和黑塞哥维那、克罗地亚、匈牙利、罗马尼亚、保加利亚、北马其顿及阿尔巴尼亚接壤。欧洲第二大河多瑙河的五分之一流经其境内。塞尔维亚共有 30 个州，下辖 198 个区，并设有 2 个自治省，首都贝尔格莱德。塞尔维亚大部分地区山丘起伏，中部和南部多丘陵和山区，而北部则是平原。

塞尔维亚总面积为 8.8 万平方公里（含科索沃地区 1.09 万平方公里），人口 841 万（含科索沃地区 177 万）。2021 年国内生产总值 533.2 亿欧元，人均国内生产总值 7697 欧元。塞尔维亚经济以服务业为主，占国内生产总值的 63%。工业中冶金、汽车、制造、纺织等比较发达。

塞尔维亚的交通以铁路和公路为主。公路和高速公路网总里程 4.5 万公里，其中主干线标准公路 5525 公里，地区间普通公路 1.4 万公里，地方普通公路 2.5 万公里。已投入运行的全封闭高速公路 498 公里，半封闭高速公路 246.5 公里。铁路总长度为 3739 公里，其中 1279 公里为电气化铁路。

塞尔维亚 E763 高速公路是中国-中东欧国家合作框架下首个落地的基础设施项目，也是中国企业在欧洲承建的第一条高速公路（图 4-2-14）。E763 高速公路于 2019 年 8 月通车，全长约 300 公里，是塞尔维亚连接黑山出海口的重要通道，也是连接巴尔干地区与周边国家的运输大动脉。

图 4-2-14　塞尔维亚 E763 高速公路

多瑙河上的 "中国桥"

20 世纪 70 年代国内上映了一部南斯拉夫的电影《桥》。这是南斯拉夫经典影片，配曲《啊！朋友再见》让人久久难忘。如今在流经塞尔维亚首都贝尔格莱德（也是南斯拉夫的首都）的多瑙河上，有一座桥是被称为中国桥，这是怎么回事？

在 2014 年 12 月之前，潘切沃大桥是贝尔格莱德唯一一座横跨多瑙河的桥梁，是德国人在第二次世界大战时修建的。贝尔格莱德是中东欧知名的大都市，为了缓解交通拥堵，塞尔维亚有关方面规划在多瑙河上建设一座新的桥梁——泽蒙–博尔察大桥。但是苦于没有资金，新桥迟迟无法建设。

本着中国和塞尔维亚深厚的传统友谊，以泽蒙–博尔察大桥为契机，由中国进出口银行提供优惠贷款，中国路桥工程有限责任公司负责该大桥项目实施。大桥全长 1.5 公里，于 2011 年春季开始施工建设，2014 年 12 月建成通车，定名为卜平大桥。这是中国企业在欧洲承建的首个大桥工程，被当地人称为 "中国桥"（Kineskimost），视为中塞友谊的象征。大桥的落成，极大地改善了贝尔格莱德市的交通状况，方便了当地居民出行。

第三节 北 美 洲

一、美国

美国拥有世界上规模最大的铁路运输系统，但是居民出行还是主要依靠公路和民航。有人说，美国是一个 "车轮上的国家"，成年人人均拥有 1 辆车。想了解美国，就一定要先了解美国的公路和汽车。

（一）国家概况

美国，位于北美洲中部，领土还包括北美洲西北部的阿拉斯加和太平洋中部的夏威夷群岛。美国北与加拿大接壤，南靠墨西哥湾，西临太平洋，东濒大西洋，本土东西长4500公里，南北宽2700公里。全国共分50个州和1个特区。美国国土地形多样，地势西高东低。

美国国土面积937万平方公里，人口约3.33亿。2021年国内生产总值23万亿美元，人均国内生产总值6.9万美元。美国自然资源丰富，矿产资源总探明储量居世界首位，在经济、文化、工业等领域都处于世界领先水平。

美国拥有完整便捷的交通运输网络。美国的公路和高速公路系统覆盖全国。美国的公路总长685万公里，位居世界第一。高速公路总里程10.8万公里，仅次于中国，居世界第二。美国是世界上最早实现汽车走入百姓家庭的国家，也是最早制定国道编号系统的国家。

美国的铁路里程超过25万公里，总长度位居世界第一，然而美国铁路客运并不如西欧和日本发达。有分析认为这是因为美国国土辽阔，在远距离运输中，航空比铁路更具优势。美国航空业发达，全国共有1.5万个机场，位居世界第一。全世界前30个最繁忙的机场中，有17个位于美国，包括排名第一的亚特兰大机场。美国最重要的港口有洛杉矶港、长滩港以及纽约港，它们也都是世界上最繁忙的港口之一。

（二）公路发展概况

1. 基本情况

美国拥有完整便捷的交通运输网络，运输工具多种多样，交通运输业总产值约占美国经济总量的10%，吸纳了约3%的就业人员。

美国公路大部分属于地方政府所有。目前，属于县、市各级地方政府的公路里程占美国公路总里程的77.4%，其中大部分公路属于县级政府；属于州政府的公路里程占美国公路总里程的19.4%；而属于联邦政府的公路里程仅占3.2%。

美国公路网按政治、军事、经济意义和行政管理范围划分为四个层次：

（1）州际国防公路系统，是联邦政府资助和管理（由州负责养护、运营）的高速公路系统（极少部分为非高速公路）。它是美国的战略公路，也是经济干线，直接连通全国大城市、工业中心以及几乎全部人口在 5 万以上的城市，并在边境与加拿大、墨西哥等国的干线公路相连，构成美洲大陆的重要干线网。

（2）国道，是沟通州与州、城市与城市之间的干线，是州际国防公路的辅助路线。随着州际公路的建设，国道不断进行调整，相当部分的国道被降级为州道。

（3）州道，与干线公路网相连通，主要连接州内主要城镇。

（4）县道，与干线公路相连，主要为乡村经济服务。

除州际国防公路外，其他行政等级的公路没有严格的技术等级限制，如县道中同时存在高速公路和未铺装的土路。州际公路和国道的标志除在部分州有少许差别外，标准相对统一；州道和县道的标志没有统一的标准，各州、县都不尽相同。

小知识

哪条公路是美国的 1 号公路？

美国的 1 号公路是哪条？是被游客们津津乐道的加利福尼亚州 1 号公路，还是美国国道系统中的编号为 1 的公路呢？

媒体经常提及的美国 1 号公路，其实是加利福尼亚州 1 号公路，也就是著名的太平洋海岸高速公路。这条公路在加利福尼亚海岸线间蜿蜒而过，从洛杉矶到旧金山，两侧悬崖耸立，曲折崎岖，全长 1000 余公里，被誉为世界上风景最美的公路之一。加州 1 号公路拥有原生态的美国西海岸风光。整条公路一侧靠山，一侧面海，加上温暖的加州阳光，旅程上的景点还都非常贴心地设计了停靠点，方便自驾的游客下车欣赏美景。1号公路沿途的自然风景和人文景观众多，既有文艺小镇、海滨沙滩，又有国家公园、野生动植物保护区，还有充满异国风情的建筑和山顶古堡，一直是自驾游人津津乐道的旅游胜地（图4-3-1）。

图4-3-1　加州1号公路的美景

而美国国道系统中的1号公路，是一条北起缅因州美加边界的肯特堡，南到佛罗里达州最南端基韦斯特岛的公路。1号公路和大西洋海岸相伴而行，全程3846公里。它串起了波士顿、纽约、费城、巴尔的摩、华盛顿、里士满、迈阿密等东海岸重要城市。这条公路因地理位置而荣获美国NO.1的编号，在美国历史上的贡献也完全担得起这个名号。这条1号公路是独立战争的引线和高速公路建设的策源地。"波士顿倾茶事件"就是通过它传递到了全美。在汽车出现之后，它又成为第一条沟通南北的东海岸高速公路的一部分。

2.公路管理体制

美国国家级公路的规划由联邦公路局负责，建设、养护则由州交通厅（局）负责；州道的规划、建设、养护由各州交通厅（局）负责；县道的规划由州交通厅（局）负责，建设、养护由各地交通部门负责。但由于美国属于联邦制，各州有相当大的权限，国家公路系统虽由联邦公路局负责规划，但规划方案仍须由各州交通厅（局）先行提出，作为联邦公路局决策的重要基础。因此，美国各州交通厅（局）在整个公路系统的规划、建设等各环节中的作用非常重要。

美国公路的规划体制还与建设资金来源直接相关。尽管美国的州道、县道等公路由州政府规划、县政府建设管理，但如果能够符合联邦公路法案相关资助项目的条件并得到联邦资助，就会体现在联邦公路的相关发展建设规划中。这也体现了联邦公路发展规划对全国公路长期发展规划的指导和影响。

3. 资金筹集

美国公路资金主要来源于成品油消费税、轮胎税、车辆购置税、重型车辆使用税等专项税收，以及普通税收转移。联邦政府以这些来源为基础，设立联邦公路信托基金，并根据相关资金使用法案给予各州公路资金资助。其余资金由地方税收负担。资助资金分配和使用的程序是：首先各州将希望实施的项目上报联邦公路管理局，然后由联邦公路管理局审核，通过后根据已有法规确定资助份额。对于各州获得的联邦资助资金，联邦公路管理局有权规定其用途。若州交通部门未能完成联邦公路管理局的建设、管理和养护要求，则其资助资金将会被冻结。美国收费公路的建设和养护资金主要从通行费中列支。

4. 公路养护

美国的公路养护分为交通维护和专项养护两类。其中，交通维护与日常养护、小修保养和应急处置相似。专项养护主要包含大中修养护和特殊的专项养护工程等，一般委托给社会化的专业养护公司承担。公路管理机构以业主的身份，负责与养护公司进行工程的合同谈判，并监督合同的执行及组织工程验收。

美国交通维护有如下两种组织形式：（1）州公路管理机构直接负责。目前美国小部分州仍然采取这种模式。（2）由州公路管理机构将工程承包给专业的养护公司。目前大部分州已经开始使用此模式。该模式的优点包括减少州交通厅（局）的养护管理机构人员，降低管养费用，承包期内路况可以得到较好的保障。

（三）公路发展历程

美国公路的发展，经历了四个重要的历史阶段：

第一阶段：20 世纪初至 20 世纪 40 年代，美国主要是在经济较发达的东、西部地区修建公路，同时修建城市道路。当时的公路建设规模小、技术等级较低，各地区间的公路发展不均衡，在此期间，美国于1926年首次规划了美国国家公路系统——美国国道（称 U.S. Routes 或 U.S. Highways），总规模约 15.5 万公里。这是世界上第一个有编号的具有国道性质的公路系统。美国国道系统对公路的技术等级没有要求，所以大多数国道都不是高速公路，许多路段只是各城镇的主要街道。后来在 1956 年设立的州际公路系统（Interstate Highway System），对公路技术等级标准提出了要求。

第二阶段：从大萧条时期开始，为了带动就业、引导经济发展、解决日益突出的城市交通拥堵问题，美国开始修建高速公路。20 世纪 50—70 年代，开始规划以高速公路为主的州际公路系统，进行大规模的高速公路建设。其中，1956 年规划的州际公路系统是美国的另一大国家级公路系统，总规模为 6.6 万公里。该州际公路系统的公路以高速公路为主。所有公路尽可能直接连接大都市地区、城市和工业中心，并注重于服务国防。该系统在合适的边界区域连接了加拿大和墨西哥。20 世纪 60—70 年代是美国州际公路系统大规模建设的时期。州际国防公路的不断开通，对美国国道的功能产生了较大影响。部分承担长途运输功能的国道，被州际国防公路所取代。

第三阶段：20 世纪 80—90 年代，是美国各州和地方公路的建设、发展和完善阶段。与之前 30 多年州际公路建设初期相比，20 世纪 80 年代后期美国的人口数量和分布发生了较大变化，经济结构和质量也与 30 年前有很大不同。国家的运输需求仍在不断增长，对公路运输的服务能力也提出了更高要求。这一时期的主要任务，一方面需要扩大州际公路的服务范围，将公路延伸到原来不能直接到达的地区；另一方面需要完善综合运输体系，提高公路运输和综合运输系统的整合效率，更好地支撑经济发展。

为了满足上述发展的需要，并考虑将联邦资源尽可能集中到国家最重要的道路系统上，美国联邦政府交通部与各州和大都市规划组织，共同促成了 1995 年美国国家公路系统（National Highway System，NHS）的提出。这是美国国家级公路系统的一次重大调整，并影响至今。国家公路系统是一个动态系统，可以根据公路交通量、枢纽吞吐量等进行调整。仅占公路总里程 4% 的国家公路系统，却承担了美国 75% 的重型货车交通量和 90% 的旅游交通量，服务范围涵盖全国 99% 的就业岗位。

第四阶段：21 世纪初至今，美国公路网已基本稳定，公路发展方向以养护和保障安全畅通、智能化管理为主。

小知识

代表美国文化和精神的 66 号公路

美国国道 66 号公路北起自伊利诺伊州芝加哥，西至美国第二大城市加利福尼亚州洛杉矶，穿越 8 个州，全长约 3940 公里，经过五大湖、密西西比河、奥扎克山地、美国大平原、落基山、莫哈维沙漠等多个地区，一直到达西海岸边洛杉矶的阳光小镇圣莫妮卡（图 4-3-2）。最初，它只是美国编号公路系统中普通的一员，但在它建成后的年代里，大萧条和黑色风暴等几起发生在美国本土的重要历史事件，成就了这条公路的传奇。

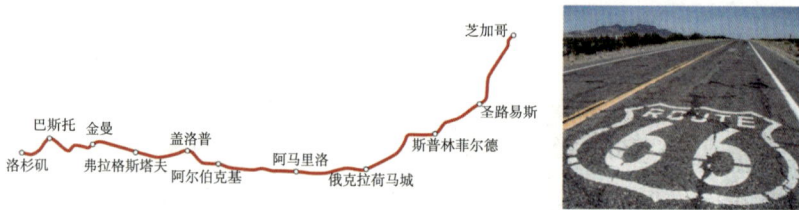

图 4-3-2　国道 66 号公路线路（左）和路面（右）

大萧条和黑色风暴让 20 世纪 30 年代的美国充满了绝望。但正是这种压抑在人们心中的绝望，触发了美国艺术界的一次创作巅峰，包括音乐、戏剧、绘画、雕塑甚至行为艺术在内的创作都进入了一个崭新的阶段。艺术家们通过作品反映社会问题的同时，也促成了许多艺术形式上的革新。比如爵士乐的分支摇摆乐就在 20 世纪 30 年代兴盛一时，满足了人们的精神需求；电影和动画产业也迎来了大发展，让人们借助胶片暂时忘记惨淡的现实世界。66号公路也被各种各样的艺术作品赋予了更多的文化内涵。

第二次世界大战之后，随着旅游业的兴起，许多位于西部的壮美景色逐渐为人熟知，吸引了许多东部居民行驶在66号公路上。而西部那种异于东海岸的崇尚自由的牛仔文化，也深深吸引着东部的年轻人。他们把66号公路当作追求个性独立和精神自由之路，也把他们的生活方式、思维方式和艺术方式带到了66号公路的沿线，让66号公路充满了20世纪的美国文化内涵（图4-3-3）。

图4-3-3　66号公路纪念碑谷，电影《阿甘正传》里跑步场景取景地

历史上，美国中西部经历过一场大干旱，上千平方公里的土地变成了寸草不生的荒地。66号公路再一次成为穷困潦倒的农民的救命线。当时许多人收拾起仅有的家当，沿着这条唯一通往加利福尼亚州的公路，逃亡至西部开拓新的生活。66号公路被美国人看作当年追寻美梦的康庄大道。随着66号公路的发展，往来旅客增多，沿途乡镇相继发展起来，小型商店及驿站应运而生，向旅客提供加油、餐饮、购物等服务。逐渐地，这条公路的声誉大涨，见证了20世纪初美国人的生活，其价值不只是一段公路史，更成为美国现代化的缩影。它是美国人的寻梦之路，也是乡村歌手一直咏唱的"Country Road"。在这条路上孕育出了许多音乐文化、电影文化、汽车文化……

后来随着美国高速公路的快速发展，沿着地形而建、起伏弯曲的 66 号公路不再受旅客青睐，逐渐降格为地方公路、私人车道，甚至被弃用。1985 年 6 月 27 日，美国政府将 1926 年 11 月 11 日开始通车的 66 号公路从公路地图上移除，至此这条公路正式称为历史。

二、加拿大

加拿大面积广阔，气候寒冷，主要城市都位于美国和加拿大的边境地区。加拿大的公路又有什么独特之处呢？

加拿大位于北美洲北部。东临大西洋，西濒太平洋，西北部邻美国阿拉斯加州，南接美国本土，北靠北冰洋。加拿大全国划分为 13 个一级行政区，包括 10 个省和 3 个地区。加拿大大部分地区为亚寒带针叶林气候和湿润大陆性气候，北部极地区域为极地长寒气候。全国地势西高东低。

加拿大总面积 998 万平方公里，海岸线长约 24 万公里。2022 年，加拿大总人口为 3892 万。2021 年国内生产总值 2.09 万亿加元，人均国内生产总值 5.4 万加元。加拿大制造业、高科技产业、服务业发达，资源工业、初级制造业和农业是国民经济的支柱产业。加拿大以贸易立国，对外贸依赖较大。

加拿大交通运输发达，各种运输方式齐全。全国公路总里程约 140.89 万公里，其中已铺装路面公路 41 万公里。横贯加拿大的泛加高速公路从太平洋东岸的维多利亚市一直绵延至大西洋西岸的圣约翰斯市，全长约 7821 公里，是全世界最长的国家级高速公路。联邦政府将公路运输的部分职能委托给省政府代行管理，形成联邦政府与省政府共同管理公路运输的格局。加拿大铁路总里程 4.3 万公里，居于世界第五位，铁路网与美国铁路各主要集散中心相连。加拿大幅员辽阔，民航业发达，是世界第三大航空市场，拥有 1620 座机场，其中有 250 座提供定期民航服务。加拿大有 600 多个港口，主要港口有温哥华港、蒙特利尔港、多伦多港等。

电线公路和冰面公路

我们常见的公路是以水泥混凝土或沥青混凝土铺装路面，那么，你见过铺设电线的公路和用冰做的公路吗？

电线公路：很多人都知道加拿大的冬天非常冷。受西北风的影响，每到冬季气温就会非常低，且暴雪天气频繁。路面经常会被厚厚的积雪覆盖，不仅妨碍人们出行，也常常会导致交通事故。当地人为了除雪可谓煞费苦心，铲雪机、撒盐齐上阵，奈何除雪速度不及下雪的速度，让人十分头疼。为了解决积雪问题，一家公司从地暖中汲取灵感，以产生热量的方式让积雪自己融化，这就是加拿大特有的"电线公路"（图4-3-4）。这样即使下暴雪，人们也不用再担心路面积雪影响出行，因为公路下面的电线会自动加热，直到冰雪融化。

图4-3-4　路面下铺设电缆

冰面公路：世界上最长、运输量最大的"冰上高速公路"就位于加拿大境内。这条高速公路为加拿大北部经济发展作出了很大贡献。

加拿大北部矿产资源丰富，但因为当地湖泊河流极多，靠近北极圈的土地都是永久冻土，几乎无法修建常规公路。当地人因地制宜，直接用冰雪建成了一条冰上高速公路。这条长约600公里的"冬季运输大动脉"，始建于1983年，最初是一条为金矿运输服务的公路，85%的路面都是湖泊河流冬天冻结形成的厚冰面。加拿大北部的众多矿区，都要依靠这条繁忙的冬季冰面高速公路，运输未来一年间所需要的各种物资。

这条公路的建造和维护成本非常低。如果冰面变薄，就会有管理部门抽取冰下的湖水，使冰面再次解冻增加冰层厚度；如果遇上大雪盖住路面，会有专门的推雪车清理路面；如果天气转暖，冰的厚度达不到承重的标准，就直接封路。不过，每年冰上高速公路能够使用的时间非常短暂，只有从1月初到3月初的8~10个星期。如果想在其他时间出行，就只能搭乘直升机。

天气寒冷的时候，冰层厚度很快达到120多厘米，足以通行70吨重卡车。不过即便如此，这条冰上高速公路仍然经常会发生让人意想不到的变化。比如，冰层组成的路面会弯曲、开裂、脆化，莫名其妙地膨胀和萎缩。在这种地方不能停车，只能前进，否则汽车就会慢慢陷入冰层中。尽管如此，这条高速公路依然是加拿大北部地区的经济生命线（图4-3-5）。

图4-3-5　冰上高速公路

第四节　南　美　洲

一、巴西

巴西是世界热带雨林面积最大的国家，我们会在那里的公路上邂逅野生动物吗？

巴西，位于南美洲东部，北邻法属圭亚那、苏里南、圭亚那、委内瑞拉和哥伦比亚，西界秘鲁、玻利维亚，南接巴拉圭、阿根廷和乌拉圭，东濒大西洋。全国共分 26 个州和 1 个联邦区，州下设市，共有 5570 个市。巴西的地形主要分为两大部分：一部分是海拔 500 米以上的巴西高原，分布在巴西的中部和南部；另一部分是海拔 200 米以下的平原，主要分布在北部和西部的亚马孙河流域。

巴西面积 851.04 万平方公里，人口 2.13 亿。巴西是金砖国家之一，拥有丰富的自然资源和完整的工业体系，国内生产总值位居世界第七，经济实力居拉美首位。2021 年巴西国内生产总值 1.61 万亿美元，人均国内生产总值 2500 美元。巴西农牧业发达，是多种农产品的主要生产国和出口国。工业基础雄厚，门类齐全，石化、矿业、钢铁、汽车工业等较发达，民用支线飞机制造业和生物燃料产业在世界上居于领先水平。服务业产值占国内生产总值近 60%，金融业较发达。足球是巴西人喜爱的主流运动，因此巴西也享有"足球王国"的美誉。

巴西交通基础设施总量不足。近年来，巴西政府通过加大投资力度、完善机制体制、改善投资环境等一系列举措，大力推动交通基础设施建设。巴西公路运输量占全国总运输量的 60% 以上，公路总里程 200 万公里，其中联邦级公路 7.6 万公里；高速公路 1.1 万公里，位居世界第九。巴西铁路网总长度约为 3 万公里，除了零星的旅游线路外，大多为运输铁矿石、农产品等的货运线路。巴西共有港口 235 个，2021 年吞吐量 12.1 亿吨。桑托斯港为巴西最大港口，吞吐量占全国 1/3。巴西共有 2498 个飞机起降点，居世界第二，其中国际机场 34 个。

小知识

"死亡公路"和"安全公路"

巴西有 2 条重要的国道，分别被称为"死亡公路"和"安全公路"，这是怎么回事呢？

巴西国道 116，是一条高速公路，全长 4660 公里（图 4-4-1），贯穿巴西南北，是巴西最重要的交通要道之一。这条公路又被称为"死亡公路"，是巴西最容易出交通事故的公路之一。在"死亡公路"上行驶，驾驶员要面临的不仅仅是恶劣的天气或陡峭的地形，还有更棘手的武装分子和团伙袭击，时时都要面临生死的考验。

图 4-4-1 巴西死亡公路国道 116

巴西国道 158，全长 3470 公里。这条公路非常巧妙地经过了 7 个州，却不经过任何一个州的首府，也不经过任何大城市，可以直接通往乌拉圭边境，而且车流量不大，路况较好，安全度相对较高，又以直线为主，故有"安全公路"的美名。

二、阿根廷

阿根廷，一个从发达国家变成发展中国家的国度，被誉为"世界的粮仓和肉库"。时至今日，阿根廷的交通基础设施依旧是南美洲最好的。

阿根廷，位于南美洲东南部，东临大西洋，南与南极洲隔海相望，西邻智利，北与玻利维亚、巴拉圭交界，东北与乌拉圭、巴西接壤。阿根廷全国划分为 24 个行政单位，由 23 个省和联邦首都（布宜诺斯艾利斯）组成。阿根廷地势由西向东逐渐低平。西部是以绵延起伏、巍峨壮丽的安第斯山脉为主体的山地；东部和中部的潘帕斯草原是著名的农牧区；北部主要是格大查科平原，多沼泽、森林；南部是巴塔哥尼亚高原。

阿根廷总面积 278 万平方公里（不含马尔维纳斯群岛和阿根廷主张的南极领土），人口 4589 万。2021 年国内生产总值 4915 亿美元，人均国内生产总值 1.1 万美元。阿根廷工业门类较齐全，农牧业发达。矿产资源丰富，是拉美主要矿业国之一。

阿根廷交通运输在拉美诸国中最为发达。公路、铁路、航空和海运均以首都为中心，向外辐射，形成扇形交通网络。国内交通运输以陆运为主。外贸货物的 90% 通过水路运输。20 世纪 90 年代，阿根廷政府将交通运输服务业全部实行了私有化。公路总里程超过 50 万公里，其中国道 4 万余公里，有铺装路面的占比 90% 以上。铁路总长 3.4 万公里，为拉美之最。但铁路部门长期经营不善，大部分路段已停运。当前，政府大力推行"铁路复兴"计划，重点修理改建老旧的货运铁路线。阿根廷全国有海港 38 个、内河港口 25 个，重要港口有布宜诺斯艾利斯港、布兰卡港等。全国有机场 53 个，各省省会、主要城市及重要旅游点每天均有航班往来，最大机场是首都埃塞萨国际机场。

📓 小知识

40 号公路——通往自由之路

切·格瓦拉，1928 年出生于阿根廷罗萨里奥。他是古巴共产党、古巴共和国和古巴革命武装力量的主要缔造者和领导人之一（图 4-4-2）。1959 年起任古巴政府高级领导人，1965 年离开古巴后到第三世界进行反对帝国主义的游击战争。1967 年在玻利维亚被捕，继而被杀。切·格瓦拉死后，其肖像已成为反主流文化的普遍象征、全球流行文化的标志。同时，他本人也成为国际共产主义运动的英雄和西方左翼运动的象征。

图 4-4-2　被誉为"红色罗宾汉"的切·格瓦拉

切·格瓦拉走上革命道路，与阿根廷大名鼎鼎的 40 号公路有着密切关系。1951 年，格瓦拉与好友药剂师阿尔贝托·格拉纳多休学环游南美洲。他们沿着安第斯山脉穿越整个南美洲，经阿根廷、智利、秘鲁、哥伦比亚，到达委内瑞拉。旅途中的重要部分，就是切·格瓦拉家乡阿根廷的 40 号公路。

在这次旅行中，切·格瓦拉开始真正了解拉丁美洲的贫穷与苦难。他的国际主义思想也在这次旅行中渐渐产生。1952 年 9 月，切·格瓦拉乘飞机回到了阿根廷。在此时的一篇日记中他写道："写下这些日记的人，在重新踏上阿根廷的土地时，就已经死去。我，已经不再是我。"

这条 40 号公路穿过阿根廷的 11 个省份，跨过 18 条主要河流、13 个大湖，有桥梁 236 座，沿途经过 20 个国家公园和保护区，包括南美洲最高峰阿空加瓜峰登山大本营，并连接 27 个安第斯山过境山口。阿根廷 40 号公路，纵贯阿根廷的雪山、草地、森林和城镇。沿途的风景或旖旎动人，或险峻神秘（图 4-4-3）。

图 4-4-3　40 号公路

三、智利

你知道世界上最长的公路在哪里吗？原来世界上最长的公路穿过了世界上最狭长的国家。

智利，位于南美洲西南部，安第斯山脉西麓。东邻玻利维亚和阿根廷，北与秘鲁接壤，西临太平洋，南与南极洲隔海相望。全国共分为 16 个大区，下设 56 个省和 346 个市。智利是世界上地形最狭长的国家，南北长约 4352 公里，东西平均宽约 180 公里。境内多火山，地震频繁。

智利面积约 75.7 万平方公里，人口 1996 万。2021 年国内生产总值 3168 亿美元，人均国内生产总值约 1.65 万美元。矿业、林业、渔业和农业是智利国民经济的四大支柱。智利是世界上铜矿储量最多的国家，也是世界上铜生产和出口最多的国家，故享有"铜矿王国"之美誉。

智利北部是阿塔卡马沙漠，气候干旱，海拔较高。中部是海岸平原，地形平坦，土地肥沃。南部地区由于受到冰川侵蚀，土地非常细碎，难以发展铁路。由于特殊的地形限制了铁路运输的发展，智利非常重视公路运输，公路运输占客运的比例达到 60%，而铁路运输仅占 30%，其他为航空和水路运输。智利建有贯穿南北的公路，东西方向建有很多公路支线，形成了密密麻麻的公路网。智利公路总里程约 10 万公里，其中泛美公路智利段长达 3600 公里。智利海岸线漫长，长达 1 万公里，海洋运输又拥有运量大、成本低的优势。因此在智利货运中，海洋运输占 70%，铁路运输只有 10%，其他为公路和航空运输。

小知识

世界最长公路——泛美公路

泛美公路是贯穿整个美洲大陆的公路系统。北起阿拉斯加，南至火地岛，全长约 4.8 万公里，贯穿美洲大陆 10 余个国家，连接 1200 多个城市，途经荒漠、雨林和高山。主干线自美国阿拉斯加的费尔班克斯至智利的蒙特港，将近 2.6 万公里（图 4-4-4）。除了巴拿马到哥伦比亚（达连隘口）之间未修建公路以外，美洲大陆各国都通过这个公路网相连。

这条贯通整个美洲的公路是如何修建成功的呢？考虑到公路开通之后，可以将自己生产的货物轻松运达沿途各个国家，也可顺势将美洲其他国家彻底纳入自己的势力范围，于是，1923 年美国在第五次美洲国家国际会议上率先提出修建泛美公路的提议。1925 年第一次泛美公路会议在阿根廷首都布宜诺斯艾利斯举行。自此，美国与拉丁美洲各国共同规划和修建这一公路系统。1937 年 7 月 29 日，部分美洲国家签署了《泛美公路公

图 4-4-4　泛美公路

约》，正式开始修建公路。而令人惊讶的是，墨西哥竟是第一个完成其境内泛美公路修建的国家（1950年完工）。

在落入"中等收入陷阱"之前，承接墨西哥帝国的墨西哥合众国曾十分富有。1925年，第一次泛美公路会议召开之际，墨西哥率先开始了泛美公路墨西哥段的勘测和施工。1936年，全长1230公里的新拉莱多—蒙特雷—墨西哥城段完工。1950年，剩余1550公里的墨西哥城—危地马拉边境段完工。至此，依靠着本国资金资源和修筑技术的墨西哥，率先完成了泛美公路本国段的修建。

但是随后作为首倡者的美国却遭遇了经济危机，使得泛美公路的修建工期一拖再拖，工程质量也一再被降低，甚至出现巴拿马工程队苦等美国工程队的现象。进程缓慢的状况一直持续到太平洋战争的爆发，东太平洋沿岸的泛美公路开始受到美国军方的重视。于是美国决定承担三分之二的修筑资金。在与沿途各国谈妥后，美军开始进驻各国促进公路的推进。但随着战争的胜利，泛美公路的建设又暂停下来。直到冷战期间，出于军事、经济和政治利益考虑，美国才又加快了泛美公路的修筑。1963年，除了达连隘口，泛美公路南美洲段终于宣告修建完成。

公路修建到巴拿马的达连隘口时受到阻碍，必须停工。原来，这里属于典型的雨林地区，有着大自然赋予的天然屏障。如果贸然修建公路就必须砍伐当地植被，破坏生态平衡，导致当地环境遭到严重破坏，甚至可能会使当地居民面临传染性疾病的侵扰。为了保护当地环境和居民的生命安全，泛美公路在这一路段的修建就被停了下来。当地居民日常出行必须坐船到委内瑞拉再转车。

修建完成后的泛美公路，极大地带动了当地的贸易往来与经济发展，使众多国家受益。泛美公路覆盖了许多国家，跨过不同类型的气候带，在不同路段呈现不同的环境风景和人文景观，被驴友们称为"自驾游的天堂"（图4-4-5）。

图 4-4-5　智利境内的泛美公路

第五节　非　　洲

提到蒙着神秘面纱的非洲，你脑海中是否会想到一望无际的大草原，数不清的野生动物？让我们一起走进非洲，了解非洲公路的故事。

一、非洲概况

非洲位于东半球西部，欧洲以南，亚洲之西，东濒印度洋，西临大西洋，纵跨赤道南北。非洲面积约 3020 万平方公里，占全球总陆地面积的 20.4%，是世界第二大洲；人口约 14 亿，也是人口第二大洲。非洲大陆高原面积广阔，海拔在 500~1000 米的高原占非洲面积的 60% 以上，有"高原大陆"之称。非洲目前共有 54 个国家。农业在非洲国家国民经济中占有重要的地位，是大多数国家的经济支柱。采矿业和轻工业是非洲主要工业部门。非洲国家中国内生产总值最高、人口最多的国家是尼日利亚。尼日利亚是非洲能源资源大国，也是非洲第一大石油生产和出口国。南非曾经是非洲唯一的发达国家，也是 G20 中唯一的非洲国家，目前是非洲第二大经济体。非洲北部的埃及是世界文明的发源地之一。

破 败 公 路

刚果（金）的道路里程规模不小，但全国只有2%的道路路面铺设沥青，其余都是坑坑洼洼的土路。未经过改装的车辆在这里根本无法行驶。一段500公里的路程，破旧的货车正常行驶至少需要4天；如果遇上雨季，可能就需要半个月（图4-5-1）。所以这种路也被当地人称为露天的监狱。当地人每次出远门，除了锅碗瓢盆，还要带上锄头和铁锹。

图4-5-1　雨季的刚果（金）公路

非洲是交通运输业相对落后的一个大洲，目前还没有形成完整的交通运输体系。大多数交通线路从沿海港口伸向内地，彼此互相孤立。非洲的交通运输以公路为主，公路总里程约130万公里。"一带一路"倡议实施以来，我国与非洲国家在公路基础设施领域合作成果丰硕，先后建成刚果（布）的1号公路、肯尼亚的锡卡公路、阿尔及利亚的东西高速公路、塞内加尔的捷斯—图巴高速公路、莫桑比克的马普托大桥（图4-5-2）、苏丹的鲁法大桥、坦桑尼亚的基甘博尼大桥（图4-5-3）等重大工程。这些项目的建成，推动了当地经济社会的发展和民众生活的改善。

图 4-5-2　非洲第一大悬索桥——
马普托大桥

图 4-5-3　东非首座、撒哈拉以南非洲最大的
斜拉式跨海大桥——基甘博尼大桥

小知识

为非洲大地带来希望的中国基建

　　2016 年，中国施工企业历经 8 年，在非洲刚果（布）建成了一条 536 公里的公路，即刚果（布）1 号公路。此路修通之后，西方各国都对中国的基础设施建设能力感到敬佩。因为在非洲修建的这条公路难度极大。哪怕是作为西方基建强国的法国，在坚持了 10 年后，也选择放弃，而让中国团队接手。中国团队克服万难，最终完成了这条公路的修建。

　　刚果（布）1 号公路工程如此艰难，以至于法国 10 年也未能修成的原因在于：这条公路穿越的区域地质条件复杂，土地整治工作困难，造价高；途经路段有大量反政府武装分子出没的危险地域，施工人员不仅要面临恶劣的环境，还随时随地有生命危险；刚果（布）雨季长达 7 个月，有效施工时间短；非洲基础设施建设严重缺乏而导致资源供应不足，从黑角港到项目工地的物资运输十分困难，施工地区高素质劳动力也较为短缺。

　　这一系列的困难，对承包这一工程的企业造成了不小的挑战。但是对于已具备丰富公路修建经验的中国企业来说，无论是沙漠、草原、热带雨林（图 4-5-4），还是其他各种恶劣地形，在其上修筑高速公路可以做到轻车熟路，就算是反政府武装分子聚集区，也可以通过谈判和协商的方式，解决双方的矛盾和冲突，从而确保中国施工人员在进行道路修建时的人身安全。尤其是当地人得知公路的成功修建将会为他们创造更多利益之后，遭遇的阻力自然也就大幅减少了。

随着刚果（布）1号公路的修建完成，以及通过这一路段的车流量逐渐提升，刚果（布）的客运和货运行业逐步崛起，并随着物资的逐渐流动，给这个国家带来了越来越多的工作岗位。刚果（布）的经济得到发展，让当地人们将刚果（布）1号公路称为"希望之路"和"致富之路"（图4-5-5）。

图4-5-4　热带雨林中的公路

图4-5-5　刚果（布）1号公路穿过城市

二、南非

南非是非洲最发达的国家之一，拥有非洲最好的交通基础设施。

南非，位于非洲大陆最南端，北邻纳米比亚、博茨瓦纳、津巴布韦、莫桑比克和斯威士兰，另有莱索托为南非领土所包围。全国共划为 9 个省，设有 278 个地方政府，包括 8 个大都市、44 个地区委员会和 226 个地方委员会。南非地处非洲高原的最南端，南、东、西三面之边缘地区为沿海低地，北面则有重山环抱。

南非国土面积约 122 万平方公里，人口约 6200 万。2021 年国内生产总值 4098.9 亿美元，人均国内生产总值 6996.4 美元。南非是非洲的第二大经济体（仅次于尼日利亚），国民拥有较高的生活水平，经济与其他非洲国家相比较为稳定。南非的财经、法律、通信、能源、交通较为发达，拥有完备的硬件基础设施和股票交易市场。南非的黄金、钻石产量均居世界首位，深井采矿等技术居于世界领先地位。在国际事务中，南非被确定为中等强国，并保持显著的地区影响力。

南非拥有非洲最完善的交通运输系统，对本国以及邻国的经济发挥着重要作用。南非公路总里程（含各级公路和街道）约 75.5 万公里，高速公路 1400 公里，分为国家、省及地方三级。南非共有国家级公路 14 条，由国家交通部和公路局管理；省级道路总计有 700 多条，分属全国 9 个省管理；地方公路包括城际公路和初级公路网。城际公路为沟通相邻城市以及周围卫星城的公路，隶属于各大城市管理。

南非铁路总里程为 3.41 万公里，其中 1.82 万公里为电气化铁路。南非的铁路里程在全世界排名第十一位，占非洲铁路里程总量的 35%，但 95% 用于货运。南非的铁路客运不发达，由比勒陀利亚驶往开普敦的"非洲之傲"私营豪华旅游专列享有国际盛誉，但票价相当昂贵。

南非海洋运输业发达，约 98% 的出口要靠海运完成，主要港口有开普敦港、德班港等。南非拥有各类民用机场 27 个，主要机场有约翰内斯堡的奥立弗·雷金纳德·坦博国际机场、开普敦国际机场等。奥立弗·雷金纳德·坦博国际机场是非洲最大、航班最多的国际机场，年客运量达 2400 万人次。

非洲最发达的公路网

南非从20世纪30年代开始建设全国公路网，迄今已形成纵横交错、布局合理、优质畅通的全国公路交通网络。行驶在南非的公路上，可以感受到公路与自然环境和传统文化的和谐交融，感受到公路设计者处处从方便驾车者使用的角度考虑和对驾车者的关怀。

总体来看，南非公路沿途的原始生态环境保持完好，线路设计因地制宜，基本是顺着地形布线。山区公路选线更是注意对原有地貌的保护与利用，基本沿着山势地形流畅延伸，最大限度地减少对地貌的破坏（图4-5-6、图4-5-7）。

图4-5-6 有着"南非最美公路"之称的查普曼公路

图4-5-7 穿越草原的南非公路

第四章 现代外国公路

三、卢旺达

卢旺达曾经是非洲最落后的国家之一，近年来却搭上中国的"东风"，在中国投资帮助下修建公路，迈上了发展的快车道。这期间究竟发生了什么？让我们来一探究竟。

卢旺达位于非洲中东部，西与西北和刚果（金）为邻，东连坦桑尼亚，北与乌干达接壤，南界布隆迪。卢旺达全国行政区域划分为 4 个省和 1 个市。其中，4 个省为东部省、北部省、西部省和南部省，1 市为首都基加利市。基加利被认为是非洲最安全的首都，并以其宜人的气候、干净的市容、良好的交通，成为第一个获得"联合国人居奖"的非洲城市。卢旺达拥有丰富多样的动植物资源，令人称奇的野生动物遍布卢旺达的火山、山地雨林和平原。加上其独特的民族风俗与传统文化，使卢旺达成为世界的旅游胜地。

卢旺达国土面积约 2.6 万平方公里，人口约 1400 万。2020 年国内生产总值 110 亿美元，人均国内生产总值 846 美元。近年来，卢旺达社会长期稳定，经济持续快速增长，国际和地区影响力不断提升，给非洲乃至世界上面临发展振兴重任的国家树立了榜样。

卢旺达属于内陆国，没有铁路和海港，交通运输依靠公路和航空。陆上交通系统以公路为主，总里程 1.3 万公里，通过铺面道路把基加利和全国其他大部分主要城市及城镇连接起来。该国最重要的贸易路线就是途经乌干达坎帕拉和肯尼亚内罗毕到达蒙巴萨的道路。民航方面有首都的基加利国际机场，是非洲第二、东非第一的机场。

小知识

来自中国的致富之路

卢旺达曾经是德国和比利时的殖民地，后来因为历史遗留问题，于 1994 年爆发了卢旺达种族大屠杀。根据联合国的统计，从

1994 年 4—6 月，卢旺达境内有 80 万到 100 万人死于这场屠杀，占当时全国人口总数的八分之一。卢旺达的国民经济遭到毁灭性打击，也因此成为国际公认的负面典型、人间地狱、绝望之地。如今几十年过去，众人想象中"一蹶不振"的国家卢旺达，却依靠"中国模式"重新走上了希望之路。

自从两国建立外交关系以来，卢旺达和中国始终是密切伙伴（图 4-5-8、图 4-5-9）。中国不断协助卢旺达的发展，其中中国路桥（China Road&Bridge）是承担卢旺达公路建设的主要企业。中国路桥在卢旺达修筑的第一条公路，是从首都基加利通往邻国坦桑尼亚边境的卢苏莫公路。公路全长 160 公里，1977 年 6 月通车。40 多年后的今天，尽管交通量大、重型车辆多，这条公路却始终保持良好的路况，赢得了"非洲样板路"的美名。中国路桥从 1974 年参与卢旺达的基础设施建设开始，已承建卢旺达 30 多个项目，累计修建公路 1200 多公里，占卢旺达国家公路总里程的 70%。

图 4-5-8　中卢友谊路

图 4-5-9　中国企业承建的卢旺达首都机场高速公路

近年来，随着"一带一路"倡议的深入推进和中非合作论坛机制的建立，中资企业对非洲的投资不断增加。近年来，中国更成为非洲第一大贸易伙伴。自 2008 年中国与卢旺达启动首个合作项目以来，两国已累计完成 60 多个项目，总投资超过 4.1 亿美元（图 4-5-10）。在中国的帮助下，卢旺达的经济迅速发展。短短 20 年的时间，卢旺达就完成了 GDP 增长 12 倍的奇迹。

图 4-5-10　2016 年 4 月完工的沿湖路 66 公里项目如今已成为卢旺达
与刚果（金）交界的基伍湖畔的一道亮丽风景

　　如今的卢旺达，各行各业欣欣向荣，摘掉了"种族灭绝"的
标签，成为非洲文明的灯塔，首都基加利还被评为"非洲最安全
的首都"，也是非洲首个获得"联合国人居奖"的城市，被赋予了
"非洲小瑞士""非洲小巴黎"等诸多美誉。卢旺达成为非洲崛起
的"榜样国家"，与中国的友谊也愈加紧密。

第六节　大　洋　洲

一、澳大利亚

　　澳大利亚是世界上唯一独占整个大陆的国家，自然环境极为独特，动
物种类极其丰富。你是否知道，当地人不但给人修路，还给动物修路吗？

　　澳大利亚，位于南太平洋和印度洋之间，四面环海，是世界上唯一国
土覆盖整个大陆的国家。澳大利亚全国划分为 6 个州和 2 个地区。有着很
多独特动植物和自然景观的澳大利亚，是一个多元文化的移民国家。澳大
利亚的地形分布为东部山地、中部平原、西部高原。由于自然环境特殊，
该国被称为"世界活化石博物馆"。据统计，当地有超过 378 种哺乳类动
物、828 种鸟类、4000 种鱼类、300 种蜥蜴、140 种蛇类、2 种鳄鱼，以及
约 50 种的海洋哺乳类动物，其中超过 80% 的生物为澳大利亚所特有。

你听说过动物公路吗？

在澳大利亚的圣诞岛，每年的11—12月都会迎来一次巨大的红蟹迁移。届时，红蟹会集体前往海边寻找交配地点并产卵。为了防止这些红蟹被往来的车辆轧死，当地特意修建了专属于红蟹的过街天桥（图4-6-1）。

在澳大利亚的维多利亚州，人们专门给当地的滑翔松鼠修建了索桥（图4-6-2）。

图4-6-1　红蟹过街天桥

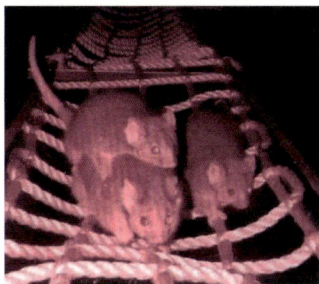

图4-6-2　松鼠过桥

我国在公路建设中，也十分重视同步建设野生动物迁徙通道。例如，G216线（红山嘴—吉隆公路）新疆段建设了上跨式野生动物迁徙通道（图4-6-3）。G10（绥芬河—满洲里高速公路）海满段专辟动物通道，采用国内跨径最大的2×13米波纹钢板拼接而成（图4-6-4）。

图4-6-3　蒙古野驴群穿越 G216
野生动物通道

图4-6-4　G10 高速公路
动物通道

澳大利亚总面积约 769 万平方公里，人口约 2700 万。2021 年国内生产总值 2.1 万亿澳元，人均国内生产总值 7.8 万澳元。澳大利亚农牧业发达，自然资源丰富，盛产羊、牛、小麦和蔗糖，同时也是世界重要的矿产品生产和出口国。农牧业、采矿业为当地传统产业，制造业和高科技产业发展迅速，服务业已成为澳大利亚国民经济主导产业。澳大利亚人口高度都市化，近一半国民居住在悉尼和墨尔本两大城市。

澳大利亚的国际海、空运输业发达，悉尼是南太平洋主要交通运输枢纽。澳大利亚全国公路总长 88 万公里。其中，城市交通干线 8000 公里，联系各州首府的国家一级公路 1.87 万公里，农村干线 9.7 万公里，地方所属公路 63 万公里，其余为森林道路。高速公路里程 8550 公里。全国铁路总长约 4.4 万公里。全国共有港口 97 个，墨尔本港为全国第一大港。澳大利亚机场数量为 480 座，其中悉尼、墨尔本和布里斯班机场运量位居全国前三。

澳大利亚四面环海，海岸线总长 36735 公里，中部以荒漠居多，绿色地带沿海岸线分布。将大路上这一圈绿色"翡翠"串成一个巨大"项链"的，正是一条全长 1.45 万公里的全球最长国道——环澳公路，也称 1 号公路。如果想开汽车沿着 1 号公路环行澳大利亚一周，大约需要 20 天。

小知识

"魔 鬼 公 路"

澳大利亚土地广袤、风景独特，且基础设施完善，是上佳的自驾游之地。不过，在环抱澳洲湾的澳大利亚南部，因为有沃野千里的庞大平原和相对趋缓的海岸线，造就了一条号称"魔鬼公路"的道路。这是怎么回事呢？"魔鬼公路"总长 1.5 万公里，之所以被称为"魔鬼"，是因为该路全程几乎没有大拐弯，只有将近 10 处很缓的小坡（图 4-6-5）。而且更令人吃惊的是，最长的那条完全垂直的公路竟然长达 146 公里。稍有驾驶经验的都知道，长时间在完全垂直的公路上开车，会产生视觉疲劳，甚至出现幻觉，所以这条公路也被称为"致幻公路"。在这条公路上行驶，必须时常停车休息才行。

图 4-6-5 "魔鬼公路"

二、新西兰

新西兰是太平洋上的岛国，这里拥有电影里的公路。

新西兰，位于太平洋西南部，西隔塔斯曼海与澳大利亚相望。全国由南岛、北岛 2 个大岛和斯图尔特岛及其附近一些小岛组成。南北岛之间是库克海峡。新西兰全国设有 11 个大区、5 个单一辖区、67 个地区行政机构。全境多山，平原狭小。

新西兰总面积约 27 万平方公里，人口约 533.8 万。2021 年国内生产总值 3500 亿新元，人均国内生产总值 7 万新元。新西兰经济以农牧业为主，农牧产品出口约占出口总量的 50%。羊肉和奶制品出口量居世界第一，羊毛出口量居世界第三。

新西兰为岛国，水运和民航比较发达，陆上运输主要依靠公路。新西兰全国公路总里程约 9.4 万公里。其中，1.1 万公里的国家公路均为高速公路，其余 8.3 万公里为地方公路。新西兰是世界上人均公路里程数最高的国家之一，约 70% 的货物通过公路运输。新西兰铁路总运营里程约 4000公里，最初用于货物运输，连通南北岛各主要城市。随着公路系统日渐发达，铁路的货运功能日渐弱化，转为货运、客运和观光旅游三种用途，车次较少。新西兰全国共有 4 个国际机场，分别是奥克兰机场、惠灵顿机场、克赖斯特彻奇机场和皇后镇机场。新西兰进出口货物均依靠海运，因此港口众多、设施发达。新西兰的主要港口共有 13 个，其中奥克兰港、陶朗加港和利特尔顿港是最大的 3 个港口。

📖 **小知识**

"电 影 之 路"

新西兰的电影产业全球闻名，拥有电影全产业链。国际上许多知名影片都取景于新西兰。其中，新西兰的 8 号公路因串联了众多电影的取景地，被称为"电影之路"。最著名的电影取景地当属 8 号公路上的库克山国家公园，它是《指环王》《霍比特人》等经典影片的取景地。

起始于南岛提马鲁，终止于米尔顿的 8 号公路，纵贯南岛中南部地区，沿途经过平原牧场、河流湖泊、河谷高山，路边风光变幻无穷。沿着库克山的这条"电影之路"行驶，能领略电影中那些奇幻迷人的美景（图 4-6-6）。冰雪覆盖的山峦、宽阔的滑冰场、壮观的峡湾和冰川、宜人的温泉、美丽的亚热带海滩、神秘的亚热带雨林、奇妙的火山，这里有着如童话般的湖光山色……

图 4-6-6 "电影之路"

了解了这么多国家的公路发展史，看了这么多公路美景，你最想去亲身体验哪些公路呢？读万卷书，行万里路，赶快出发吧。

公路的定义是什么?

公路由哪些主要部分构成?

公路有哪些分类的方式?

公路是如何命名的?

公路是如何建成和管理的?

......

问答篇

你对公路可能有很多疑问，下面的问答篇将会一一解答。

第五章

公路小百科

第一节　什么是公路?

问题 1　公路的定义是什么?

在我国，公路是指按照国家规定的公路工程技术标准修建，并经相关政府部门验收认定的，在城市间、城乡间、乡村间能供车辆行驶的公共道路。这就意味着，在我国，公路不包括田间或农村自然形成的小道。

📖 小知识

中国公路零公里点

经国务院批准，"中国公路零公里点"标志镶嵌于天安门广场正阳门南门口的路面，在正阳门和毛主席纪念堂、国旗杆一线的中轴线上。

"中国公路零公里点"标志呈天圆地方的形状，用青铜合金铸造，古朴庄重（图 5-1-1）。标志的主体是一个车轮，发散的车辐寓意中国公路网络四通八达。标志中间为数字"0"和中英文"中国公路零公里点"字样。以中心为原点，四周雕刻着"青龙""白虎""朱雀""玄武"图案，最外面是篆书的"东、西、南、北"四字。青龙、白虎、朱雀、玄武是中国古代"天之四灵"的名字，象征着四极，被誉为"四方之神"，依次表示东西南北四个方位。

图 5-1-1 "中国公路零公里点"标志

世界各国关于公路的定义不尽相同，因此对于本国公路里程的统计口径也有所差别。例如，印度对公路的建设要求较低，只要是能用于行走的自然路都算是公路（图 5-1-2）。因为这些自然形成的田间小路，牛、马、骆驼、人依然可以在上面行走、运输，能产生"经济效益"。

图 5-1-2 印度简陋公路

问题 2 "公路"与"道路"是一回事吗？

生活中我们经常将"公路"与"道路"两个概念混为一谈，但严格来说，"道路"的内涵较"公路"更广，即一般认为道路包括公路和城市道路。在我国，城市道路是指在城市范围内按照城市道路修建标准建设的道路，位于城市规划区范围内。也就是说，城市里的道路不属于严格定义的"公路"，而城市外的道路基本是"公路"。感兴趣的读者可以观察城市道路和公路的显著差别（图 5-1-3）。

图 5-1-3　城市道路（左）和公路（右）

问题 3　什么是综合运输体系？

我们将铁路、公路、水路、管道和航空等各种运输方式及其线路、站场统称为综合运输体系。综合运输体系是各种运输方式在运输过程中，按照各自的技术经济特征和比较优势，共同构建形成的交通运输有机整体，是现代经济社会发展的重要基础和保障。

公路是综合运输体系中规模最大、覆盖面最广、受益人口最多、与群众生产生活最贴近的运输方式，是我国旅客和货物运输的主体、主干和中坚。

公路运输（图 5-1-4）具有机动灵活、覆盖广泛的特点，且完成了旅客和货物与其他运输方式的衔接。一般认为，公路运输是中短距离客货运输中最重要的交通方式。同时在长距离客货运输中，干线公路也发挥着重要作用。

铁路运输（图 5-1-5）具有运量大、成本低的特点，主要服务于大宗物资（如原油、有色金属、农产品、铁矿石等）的中长距离运输和大容量、快速旅客运输。高速铁路和城际铁路在城市群之间和城市密集地区的城际旅客运输中，发挥着重要作用。

水路运输（图 5-1-6）具有运量大、成本低、占地少的特点，主要服务于能源、原材料等大宗物资沿海、沿江河长距离运输，以及国际贸易运输。

航空运输（图 5-1-7）具有快捷、舒适的特点，但是成本较高，主要服务于国际国内长距离的商务、旅游等旅客运输和轻、小、高附加值的货物运输，并在应急保障和紧急救援运输等方面具有重要作用。

图 5-1-4　公路运输

图 5-1-5　铁路运输

图 5-1-6　水路运输

图 5-1-7　航空运输

管道运输（图 5-1-8）主要服务于石油、天然气等能源物资的长距离运输和短途输送。

图 5-1-8　管道运输

问题 4　什么是建设交通强国?

交通是兴国之要、强国之基。党的十九大报告提出建设交通强国，为新时代交通运输发展指明了方向。"建设交通强国"是以习近平同志为核心的党中央立足国情、着眼全局、面向未来作出的重大战略决策，是建设现代化经济体系的先行领域，是全面建成社会主义现代化强国的重要支撑，是新时代做好交通工作的总抓手。

为了加快建设交通强国，中共中央、国务院先后印发了《交通强国建设纲要》与《国家综合立体交通网规划纲要》（图 5-1-9），共同构成了加快建设交通强国战略决策的顶层设计，对于新发展阶段开启加快建设交通强国新征程具有里程碑意义。《交通强国建设纲要》是交通强国建设的"总战略"，明确了交通强国建设总目标，就是"人民满意、保障有力、世界前列"。《国家综合立体交通网规划纲要》依据"总战略"提出"实施方案"，擘画了我国第一张规划期为 2021—2035 年、远景展望到 21 世纪中叶的交通网络蓝图。

图 5-1-9 《交通强国建设纲要》与《国家综合立体交通网规划纲要》

第二节　公路是怎么组成的？

问题 5　公路由哪些主要部分构成？

当我们开车行驶在公路上时，接触最多的就是公路的路面，并常常将公路与公路路面画等号。其实，除了路面，公路还包括路基、桥梁（或涵洞）、隧道、防护工程、排水设施、交通安全设施和服务设施等，是一个丰富而完备的系统（图 5-2-1）。公路的每个构成部分都有各自的功能，共同保障我们安全、高效地出行。

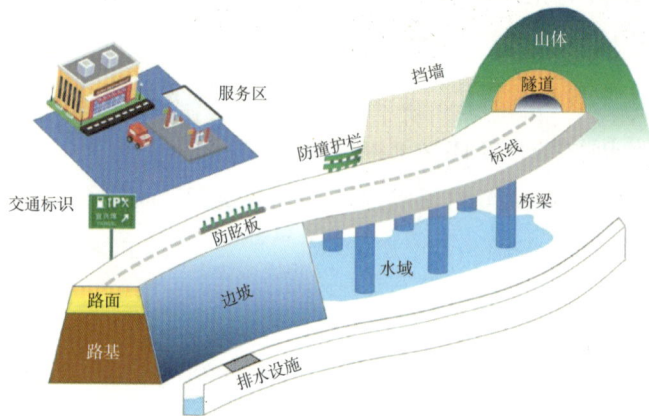

图 5-2-1　公路的组成

问题 6　什么是公路路面？

　　公路路面是一条公路最直观可见的部分，车辆在路面上行驶。但路面并不是我们表面看上去那样简单的一层，而是由很多层组成的。按照层位及其作用，路面可分为面层、基层和垫层 3 层（图 5-2-2）。

　　在一些等级较低的公路，有时路面只采用面层和基层 2 个结构层，甚至会采用只有 1 个面层的路面结构。

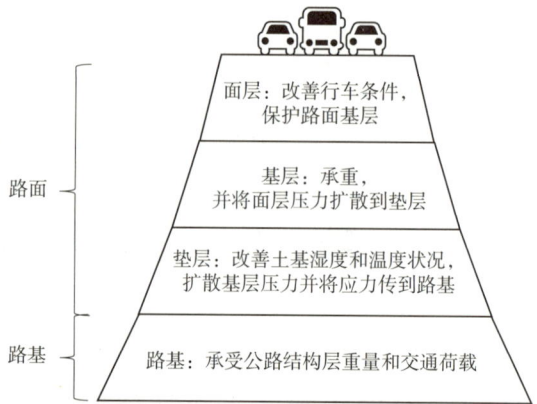

面层：改善行车条件，保护路面基层

基层：承重，并将面层压力扩散到垫层

垫层：改善土基湿度和温度状况，扩散基层压力并将应力传到路基

路基：承受公路结构层重量和交通荷载

图 5-2-2　公路的路面和路基

（一）路面面层

　　路面面层是公路路面最上层的结构，平时所说的沥青路、水泥路其实指的都是路面面层的材料。面层直接承受行车荷载，对材料的各项性能要求都比较高。日常开车出行，最常见的正是以沥青混凝土、水泥混凝土等作为面层的公路（图 5-2-3）。

a)   b)

图 5-2-3　沥青混凝土路面和水泥混凝土路面

　　沥青混凝土路面，顾名思义就是用沥青混凝土作为面层的路面，路面呈黑色。沥青混凝土是将碎石、石屑或砂子经过人工选配后，再与一定比例的沥青材料，在一定温度下拌制而成的混合料。沥青混凝土路面耐久性好、强度高、整体性好，在高等级公路中比较常见。

　　水泥混凝土路面是指以水泥混凝土为主要材料作为面层的路面，路面呈灰白色。这种路面具有耐磨、平整、防滑、强度大等优点，在城市道路中比较常见。

小知识

你见过碎石铺的路面吗？

　　路面面层材料除了沥青混凝土、水泥混凝土以外，还有其他很多材料。在较为偏僻的农村地区可能会遇到一种用小石头铺设形成的道路——碎石路面（图 5-2-4）。碎石路面是指用轧制的碎石按嵌挤原理铺压而成的路面，也可用作路面的面层或基层。这种路面一般初期投资不高，平整度较差且易扬尘，雨天较泥泞，需要经常养护。

　　路面面层材料的选择，与道路等级、通行能力、资金预算、地质情况等相关。一般技

图 5-2-4　碎石路面

术等级高、交通量大的道路，选用沥青混凝土和水泥混凝土较多；而交通量不大、资金预算有限的乡村小道，选用碎石路面较多。对于选用碎石路面的乡村小道。如果后期交通量增大，可以较容易地改用其他路面材料。

（二）路面基层

路面基层位于路面面层之下，其作用是承受由面层传递来的车轮垂直压力，并把它均匀扩散分布到下面的垫层或路基上，是路面结构中的承重层。常用材料有碎石、天然砂砾，以及矿渣、煤渣等工业废渣等。

（三）路面垫层

路面基层的下方是路面垫层，其作用是改善土基湿度和温度状况，提高土基强度，防止路面不均匀冻胀和翻浆，以及为防止路基土挤入基层影响公路的稳定性，而设于路面基层和土基之间的结构层。路面垫层材料必须具有良好的水稳性，以及必要的透水或隔热性能。

问题 7　什么是公路路基？

公路路基是路面的基础（图 5-2-5），是为了使路线平顺，经过开挖或填筑而形成的土工构筑物。路基的主要作用是为路面铺设提供条件，并承受路面及车辆重力形成的压力，同时将压力向下方地基深处传递与扩散。

问题 8　什么是公路桥梁？如何分类？

逢山开路，遇水架桥。当公路需要通过水域、山谷及其他交通通道阻碍时，我们就需要建设桥涵。其中，跨径较小的称为涵洞，跨径大的称为桥梁。我们在路上会见到各种造型的桥梁，以桥梁主受力构件类型的不同为依据，将桥梁分为梁式桥、刚架桥、拱式桥、斜拉桥、悬索桥五大类。

（一）梁式桥

梁式桥由梁和桥墩组成（图 5-2-6）。梁为主要承重构件，承受桥梁自身的重量和行驶车辆的重量。梁搭在柱子上，柱子承受竖向的压力。这就好比把一个木板搭在水沟上，木板就是主梁，两侧的岸就是柱子。梁式桥的主要材料为钢筋混凝土，多用于中小跨径桥梁，在城市道路中比较常见。

图 5-2-5　路基

图 5-2-6　梁式桥

（二）刚架桥

刚架桥同样由是梁和桥墩组成（图 5-2-7）。与梁式桥的区别在于，梁式桥主梁搭在桥墩上，而刚架桥的梁和桥墩则是固结的。刚架桥适宜于中小跨径、桥下净空大的情况。但是与梁式桥相比，刚架桥的钢筋用量较大。

（三）拱式桥

在拱式桥中，拱肋为主要承重构件（图 5-2-8）。受力特点为拱肋承压，支承处有水平推力。拱式桥的跨径比梁式桥更大，从几十米到几百米都有。这种桥梁构造较简单，可以节省钢材和水泥，而且耐久性好，但要求两岸的基础必须坚固。

图 5-2-7　刚架桥

图 5-2-8　拱式桥

以上三种形式桥梁的跨径都比较有限。如果需要修建更大的桥，如跨海大桥，就应采用其他的桥梁形式——斜拉桥和悬索桥。

第五章　公路小百科

223

（四）斜拉桥

斜拉桥以梁、索、塔为主要承重构件（图 5-2-9），利用索塔（使用钢筋混凝土材料）上伸出的若干斜拉索（一般为钢索）在梁跨内增加了支承，增大了跨径。这种形式就好比用绳子拉着桥面，之后把绳子系在桥塔上。斜拉桥适宜于中等或大型桥梁。

（五）悬索桥

悬索桥就好像吊桥（图 5-2-10），主缆为主要承重构件，受力特点为荷载从梁经过系杆传递到主缆，再到两端锚碇。悬索桥中最大的力是主缆（一般使用高强度的钢材制作）中的拉力和塔架中的压力。由于塔架基本上不受侧向的力，其结构就比斜拉桥的塔更纤细。悬索桥的跨径可以很大，适宜于大型及超大型桥梁。

图 5-2-9　斜拉桥

图 5-2-10　悬索桥

小知识

一座坚固的现代大桥居然被风吹断了

塔科马海峡大桥是美国的一座现代化悬索桥，于 1940 年 7 月 1 日通车。大桥设计师是莱昂·莫伊塞夫，当年是美国杰出的悬索桥工程师，并在 20 世纪 30 年代被富兰克林研究所授予奖章。塔科马海峡大桥本应该是美国大桥中的后起之秀，但不幸的是，这座桥刚通行 4 个月就坍塌了。万幸的是，当时大桥上没有任何人员。

　　桥梁坍塌后，工程师们立马对其进行了分析和重新评估，认为这可能是风速过快所引起的空气动力和气动弹性的失控导致（图5-2-11）。这就是后来在桥梁设计中必须要注意到颤振问题。颤振问题是由于流体流动中弹性结构的动态不稳定性，物体的偏转和流体流动施加的力之间的正反馈引起的。

　　塔科马海峡大桥的坍塌，还推动了桥梁空气动力学以及气动弹性等领域的研究。此后，世界上所有大跨径桥梁的设计，都以塔科马海峡大桥为借鉴。

图5-2-11　塔科马海峡大桥在风力作用下发生颤振（左）和垮塌瞬间（右）

问题9　什么是钢筋混凝土？

　　当我们路过建筑工地的时候，会经常看到工人在忙碌地绑扎钢筋或向模板里浇筑混凝土（图5-2-12）。他们制造的就是钢筋混凝土。

　　混凝土是水泥与石子、砂子的混合物。当加入一定量的水分，水泥就会发生化学反应，从而包裹和结合石子、砂子成为一个整体结构。通常混凝土结构拥有较强的抗压强度，但抗拉强度较低，故未加钢筋的混凝土极少被单独用于工程。

　　相较混凝土而言，钢筋的抗拉

图5-2-12　正在浇筑桥墩的混凝土，一根根的细棍是钢筋，白色管子里的就是泵送的混凝土

强度非常高，所以会在混凝土中加入钢筋等加劲材料，由钢筋承担其中的拉力，混凝土承担压力。钢筋混凝土充分利用了两种材料的优势，已经成为我国使用最多的建筑材料。

问题 10   什么是公路隧道？

从前工程技术不发达，公路想要通过大山，需要盘山绕行修筑。现在我们对公路交通服务水平的要求越来越高。例如，高速公路必须线路顺直、坡度平缓、路面宽敞等，以保障较高的行驶速度。因此在道路穿越山区时，过去公路盘山绕行的方案改为隧道方案（图 5-2-13）。隧道的修建在提高车辆的行驶速度、缩短运行距离、提高运输能力、减少事故等方面，起到了重要作用。比如秦岭终南山公路隧道将翻越秦岭的道路缩短了约 60 公里，节约了行驶时间 2 个多小时。

图 5-2-13   盘山公路（左）和公路隧道（右）

小知识

公路隧道是如何建造的？

公路隧道施工方法可分为明挖法和暗挖法两大类。明挖法是先将地面挖开，在露天情况下修筑衬砌，然后再覆盖回填

（图 5-2-14）。明挖法施工技术简单，且快速经济，在建设埋深比较浅的隧道以及没有地面交通和环境等条件限制时，可作为首选方法。

如果施工条件不满足明挖法的要求，那么就应该使用暗挖法。暗挖法是指不挖开隧道上面的地

图 5-2-14　明挖法

层，在地下进行开挖和修筑衬砌，施工难度比明挖法更高。暗挖法具有占地面积小、挖土量少、施工方便、对周围设施影响较小等优点，可分为矿山法、盾构法等（图 5-2-15）。

图 5-2-15　矿山法（左）和盾构法（右）

采用矿山法施工时，先在隧道岩面上钻眼装火药，将岩石爆破成毛洞，然后再将全断面按一定顺序开挖至设计尺寸，再顺次修筑衬砌。矿山法适用于在较为坚硬的岩石地层中修建隧道。

盾构法是采用盾构作为施工机具的施工方法。盾构法施工需在前部开挖地层，同时在尾部拼装衬砌，然后用千斤顶顶住已拼装好的衬砌将盾构推进，如此循环交替逐步前进。盾构法常用于松软土壤中圆形断面的隧道施工。

问题 11　什么是防护工程？

公路处于自然环境中，就要面对降水或水流侵蚀、冲刷，以及温度、湿度变化的风化作用。为了避免自然环境对公路可能造成的损坏，就必须采取必要的工程措施。这些工程措施就是防护工程。

其中，路基边坡防护就是公路路基的防护工程［图 5-2-16（左）］。常用的工程措施有栽植灌木、抹面、喷浆等，用以保护路基边坡表面免受雨水冲刷，降低温度及湿度变化的影响，防止或延缓软弱岩土表面的风化、剥落等演变过程，并可以起到美化路容和协调自然环境的作用。在雨量集中或汇水面积较大时，还需同排水设施相配合。另外，在公路经过山区时，为防止路基填土或山坡土体坍塌，工程师还会修筑一种承受土体侧压力的墙式构造物，即挡土墙［图 5-2-16（右）］。

图 5-2-16　路基边坡防护（左）和挡土墙（右）

小知识

世界上最长的沙漠公路与其绿化防护工程

被称为"死亡之海"的塔克拉玛干沙漠，位于塔里木盆地中心。千百年来，周边绿洲上的人们彼此联系只能避开沙漠，选择绕行。1995 年，一条笔直的沙漠公路由北向南将沙海一分为二，全长566 公里，为自古被大漠隔开的南北疆架起了"桥梁"。这就是中国新疆的塔克拉玛干沙漠公路（即塔里木沙漠公路），世界上最长的贯穿流动沙漠的等级公路，中国最早的沙漠公路（图 5-2-17）。

图 5-2-17　塔克拉玛干沙漠公路

　　为了使这条交通动脉的路基、路面免遭流沙侵蚀，以及防止沙丘压埋公路，科学家和工程师们共同攻关，酝酿试验 10 余年，采用了许多防治措施，实现了沙漠公路全程绿化。1800 余万株苗木组成的防护林伴随公路在沙海延伸，形成了世界上最长的流动沙漠中的"绿色长城"。据沙漠公路沿线监测点数据显示，防护工程内风速降低了 55%~77%，林带输沙量仅为流沙的 1%，越来越多的沙狐、野兔以及十几种鸟类出现在林带中。这条绿化带建在塔克拉玛干沙漠公路两侧，对于保护公路、改善生态环境、拉动新疆经济发展都具有重大意义。为中国的绿色公路点赞，向中国公路人致敬！

问题 12　什么是排水设施？

　　下雨时路面会产生积水，如果不能很快将这些水排走，就会造成车辆打滑等问题，影响交通安全。公路两侧长期积水还会影响路基的稳定性，甚至造成塌方等事故。所以，公路必须配备排水设施，用于拦截、疏干或排除危及公路的地面水和地下水。

排水设施通常位于公路两侧，用来汇集路基范围之内和流向路基的少量地面水，并把它排出路基范围以外，防止其滞积或下渗。常见的排水构造物有边沟、截水沟等（图5-2-18）。

图5-2-18　公路边沟（左）和截水沟（右）

问题 13　什么是交通安全设施？

除了路面、路基等基础设施之外，公路能够正常使用，车辆安全通行是重要前提，这就离不开交通安全设施。交通安全设施的主要作用是保障公路上车辆的行驶安全、减少事故可能造成的危害。交通安全设施主要包括交通标志、交通标线、公路防撞护栏、隔离栅、防眩设施等。

（一）交通标志

交通标志是用文字或符号传递引导、限制、警告及指示信息的道路设施。安全、醒目、清晰、明亮的交通标志，是实施交通管理，保证交通安全、道路顺畅的重要措施。

常见的交通标志有警告标志、禁令标志、指示标志、指路标志、旅游区标志和道路施工安全标志等（图5-2-19~图5-2-24）。

十字交叉　　　T形交叉　　　T形交叉　　　T形交叉

图5-2-19　警告标志：警告车辆、行人注意危险地点的标志，起到警告作用

禁止
非机动车通行　　禁止畜力车通行　　禁止人力货运三轮车通行　　禁止人力客运三轮车通行

图 5-2-20　禁令标志：禁止或限制车辆、行人交通行为的标志，
起到禁止某种行为的作用

直行　　　　　向左转弯　　　　　向右转弯　　　　　直行和向左转弯

图 5-2-21　指示标志：指示车辆、行人行进的标志，起到指示作用

  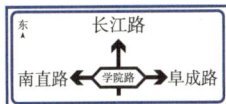

十字交叉路口　　　　　十字交叉路口　　　　　十字交叉路口

图 5-2-22　指路标志：传递道路方向、地点、距离信息的标志，起到指路作用

旅游区方向　　　　　旅游区距离　　　　　问询处　　　　　徒步

图 5-2-23　旅游区标志：提供旅游景点方向、距离的标志

前方施工　　　　　前方施工　　　　　道路施工

图 5-2-24　道路施工安全标志：通告道路施工区通行的标志，
用以提醒车辆驾驶人和行人注意

（二）交通标线

交通标线是指在道路的路面上用线条、箭头、文字等向交通参与者传递引导、限制、警告等交通信息的标识。其作用是管制和引导交通，可以与标志配合使用，也可单独使用。

常见的标线类型

常见的标线类型，见图5-2-25。

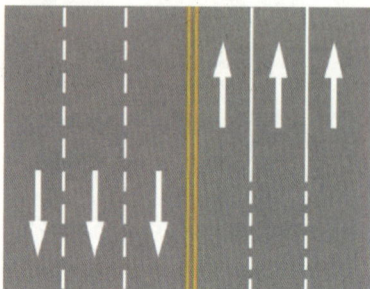

图5-2-25　交通标线示意图

白色虚线：画于路段中，用于分隔同向行驶的交通流或作为行车安全距离识别线；画于路口，用于引导车辆行进。

白色实线：画于路段中，用于分隔同向行驶的机动车和非机动车，或指示车行道的边缘；画于路口，可作为导向车道线或停止线。

黄色虚线：画于路段中，用于分隔对向行驶的交通流；画于路侧或缘石上，用于禁止车辆长时在路边停放。

黄色实线：画于路段中，用于分隔对向行驶的交通流；画于路侧或缘石上，用于禁止车辆长时或临时在路边停放。

双白虚线：画于路口，作为减速让行线；画于路段中，作为行车方向随时间改变的可变车道线。

双黄实线：画于路段中，用于分隔对向行驶的交通流。

黄色虚实线：画于路段中，用于分隔对向行驶的交通流；黄色实线一侧禁止车辆超车、跨越或回转，黄色虚线一侧在保证安全的情况下准许车辆超车、跨越或回转。

双白实线：画于路口时，作为停车让行线。

（三）公路防撞护栏

公路防撞护栏是利用立柱、横梁、防撞桶等的变形来吸收碰撞能量，并迫使失控车辆恢复到正常的行驶方向，防止冲出路外，以保护车辆和乘客，减少事故造成的损失（图5-2-26）。

图 5-2-26　波形防撞护栏（左）、旋转式防撞护栏（中）和防撞桶（右）

（四）隔离栅

隔离栅是高速公路的基础设施之一，它使高速公路全封闭得以实现，并阻止人畜进入高速公路。它可有效地排除横向干扰，避免由此产生的交通延误或交通事故，保障高速公路发挥效益（图 5-2-27）。

图 5-2-27　隔离栅

（五）防眩设施

相信很多驾驶员都有过这种体验。在漆黑的道路上，看到前方出现十分明亮的灯光时，就会看不清前方道路，这种现象称为眩光。眩光是由光源的极高亮度，或视野中心与背景间较大的亮度差引起的不良照明现象，见图 5-2-28（左）。这种现象在夜间出现，会严重影响交通安全，所以需要在公路上设置防眩设施，遮挡对向车前照灯对驾驶员造成的眩光。

防眩板是一种比较常见的防眩设施，一般安装在高速公路中央分隔带护栏上或护栏中间，可以有效阻挡对向车前照灯的光束，保障行车安全，见图 5-2-28（右）。

图 5-2-28　眩光现象（左）和防眩板（右）

问题 14　什么是服务设施？

服务设施也是公路交通运输体系的组成部分，为出行者提供休息、餐饮、娱乐、维修、加油等服务，包括服务区、停车区等。

（一）服务区

服务区是为确保公路行车的安全、舒适，消除驾乘人员在长途行驶过程中产生的生理和心理上的疲劳，在公路沿线按适当间距设置的专为驾乘人员提供休息就餐，为车辆提供加油、维护和修理等服务的场所。

📖 小知识

景色堪比 5A 级风景区的服务区

说起服务区，大家肯定都不会感到陌生，在服务区内可以加油、就餐和休息。江苏有一个特别的高速公路服务区，其内部景色堪比 5A 级风景区，成为打卡胜地。这就是江苏省阳澄湖服务区。

阳澄湖服务区（图 5-2-29），与其说它是一个高速公路服务区，不如说它更像一个综合性旅游景点。因为在阳澄湖服务区内，不仅可以看到我们常见的加油站、厕所和餐厅，还可以见到很多购物商场。这些建筑都是按照苏氏园林的风格设计建设，在建筑群之间，更是有一条"小河"流过。当地之所以要建设如此与众不同的服务区，主要是为了让游客感受到江苏的魅力，加速发展路衍经济。即便是普普通通的服务区，也能让大众体验到江南水乡的风韵。

图 5-2-29　阳澄湖服务区

（二）停车区

停车区是交通工程及沿线服务设施的一种，提供公共厕所、长凳等设施和少量停车位。在高速公路的服务区之间布设停车区，既可提高公路交通安全性，又可有效降低建设和管理费用。很多地方根据实际情况在高速公路沿线设置的观景台，实质上也是一种停车区（图 5-2-30）。

图 5-2-30　停车区

第三节　公路是如何分类的?

问题 15　公路有哪些分类的方式?

在新闻中,我们经常看(听)到某条高速公路建成通车,或是关于美丽国道的新闻报道。在开车导航时,也会被告知要走哪条省道。那么,高速公路、国道、省道等概念具体是如何界定的呢? 这些概念其实都涉及一个问题,即公路的分类。最常见的公路分类方法有两种,即依照技术等级划分和依照行政等级划分,两种分类密切相关,下文将重点介绍。其他的分类方法还有依照公路的功能,分为干线公路、集散公路和支线公路。

问题 16　公路的技术等级是如何划分的?

所谓公路的技术等级,简单来说就是指公路基础设施的设计建设水平。划分的主要依据是公路的通行能力(也就是单位时间能通过的汽车数量)和车辆的行驶速度。

按技术等级划分,公路等级由高至低可分为高速公路、一级公路、二级公路、三级公路和四级公路五个技术等级(图5-3-1)。其中,除了高速公路以外的其他公路称为普通公路。公路技术等级越高,通行能力越强,车辆可行驶速度越快。

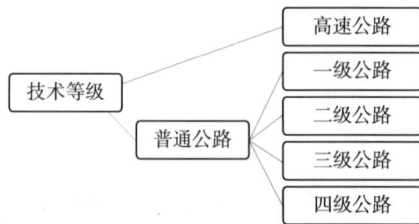

图 5-3-1　公路按技术等级划分

高速公路是专供汽车分方向、分车道行驶,出入全部控制的多车道公路(图5-3-2)。出入全部控制是指高速公路两侧设立隔离栅,人、畜、车等都不可以随意进出,车辆需要通过专门的高速公路收费站才能进出。高速公路的通行能力是公路中最强的,年平均日设计交通量(指的是全年的每日交通量观测结果的平均值,其中交通量是指一天通过公路某个断面的车辆数)在 1.5 万辆小客车以上。也就是说,高速公路的一条车道,一天中大约有超过 1.5 万辆小客车通过。高速公路上的汽车速度是最快的，为每小时 80~120 公里。

一级公路是供汽车分方向、分车道行驶，可根据需要控制出入的多车道公路（图 5-3-3）。一级公路与高速公路的通行能力接近，年平均日设计交通量也在 1.5 万辆小客车以上，但公路两侧几乎没有隔离栅。一级公路上汽车的行驶速度低于高速公路，一般为每小时 60~100 公里。

图 5-3-2　高速公路

图 5-3-3　一级公路

二级公路是供汽车行驶的双车道公路（图 5-3-4）。二级公路的年平均日设计交通量比一级公路小，为 5000~15000 辆小客车，公路两侧没有隔离栅。二级公路上汽车的行驶速度一般为每小时 40~80 公里。

三级公路是供汽车、非汽车交通混合行驶的双车道公路（图 5-3-5）。

图 5-3-4　二级公路

三级公路的年平均日设计交通量一般为 2000~6000 辆小客车，汽车的行驶速度一般为每小时 30~40 公里。

四级公路是供汽车、非汽车交通混合行驶的双车道或单车道公路（图 5-3-6）。双车道四级公路年平均日设计交通量低于 2000 辆小客车，汽车的行驶速度是每小时 20~30 公里。

图 5-3-5　三级公路

图 5-3-6　四级公路

问题 17　公路的行政等级是如何划分的?

公路除了按技术等级划分，还有一种分类方法，即按行政等级划分。公路的行政等级按其在公路网中的地位划分，也就是公路在政治、经济、国防上的重要性。根据行政等级划分，公路按重要性从高至低，依次可分为国道、省道、县道、乡道和村道（图 5-3-7）。另外，专用公路是由工矿、农林、旅游等部门投资修建，主要为该部门所使用的公路。

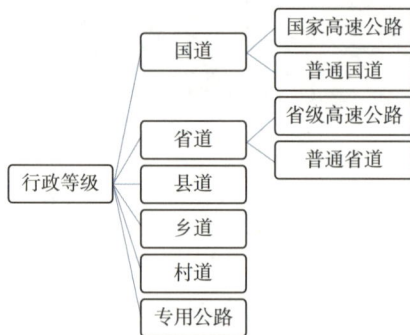

图 5-3-7　公路的行政等级

国道是指具有全国性政治、经济意义的主要干线公路，一般包括重要的国际公路，国防公路，连接首都与各省省会、自治区首府和直辖市的公路，连接各大经济中心、港站枢纽、商品生产基地和战略要地的公路。国道中的高速公路称为国家高速公路，其余称为普通国道（图 5-3-8）。

省道是指具有全省（自治区、直辖市）政治、经济意义，连接省份中心城市和主要经济区的公路，以及不属于国道的省际的重要公路。省道中的高速公路称为省级高速公路，其余称为普通省道（图 5-3-9）。

图5-3-8　国道

图5-3-9　省道

县道是指具有全县（旗、县级市）政治、经济意义，连接县城和县内主要乡（镇）、主要商品生产和集散地的公路，以及不属于国道、省道的县际公路（图5-3-10）。

乡道是指主要为乡（镇）内部经济、文化、行政服务的公路，以及不属于县道以上公路的乡与乡之间及乡与建制村之间的公路。

图5-3-10　县道标识

村道是指除乡道及乡道以上公路以外的连接建制村与建制村、建制村与自然村、建制村与外部联络的公路，但不包括村内街巷和农田间的机耕道。

县道、乡道、村道合称农村公路。农村公路是公路网的重要组成部分，是农村地区最主要甚至是唯一的交通方式和重要基础设施，是保障和改善农村民生的基础性、先导性条件，对实施乡村振兴战略具有重要的先行引领和服务支撑作用。

问题 18　公路的行政等级和技术等级有什么关系？

公路的行政等级和技术等级，是从两个维度对公路进行分类，两者密切相关。一般行政等级越高的公路在路网中的地位越高，相应地该公路的技术等级也就越高。

国道是最高行政等级的公路，可以采用高速公路的技术等级，也就是国家高速公路。除了高速公路以外的国道称为普通国道，一般采用一级、二级公路标准。2020 年，我国普通国道中，一级和二级公路里程合计占比约为 79%。

省道的重要性仅次于国道，也可以采用高速公路的技术等级，建成后就是省级高速公路。除了高速公路以外的省道称为普通省道，建设标准一般低于普通国道，采用二级、三级或四级公路标准。2020 年，我国普通省道中，二级、三级和四级公路里程合计占比约为 87%。

农村公路的技术等级通常低于普通国省道，采用的标准一般是三级、四级公路标准。

第四节　公路是如何编号和命名的？

问题 19　为什么要给公路编号？

公路网络包含许多条线路，如何才能清晰简洁地界定它们呢？为了解决这个问题，世界各国都采用了公路的标志和编号系统，即给每条公路按照一定规则赋予一个编号。在我国，每一条公路都会有一个独立的编号，每一个重要的道路节点都会有明显的标志。

我国公路的编号一般是由一个字母和若干数字共同构成。其中公路编号的首字母表示公路的行政等级，使用一个大写字母作为标识符。公路的首字母标志符包括 G（国道）、S（省道）、X（县道）、Y（乡道，若乡道用字母 X 则会和县道重复，所以采用后移一位的字母 Y）、C（村道）以及 Z（专用公路）。

除了这些首字母的规则，公路编号还有什么奥秘呢？下面我们将一一介绍。

问题 20 普通公路是如何编号的?

首字母后面的数字,也大有含义。我国普通国道的路线编号,由"国道标识符 G+3 位阿拉伯数字"组成。数字编号的第一位用"1"表示该国道是从首都北京出发的放射线国道,第一位用"2"表示该国道是北南纵线国道,第一位用"3"表示该国道是东西横线国道,第一位用"5""6""7"表示该国道是重要地区间的联络线国道。数字编号的后两位是根据全国范围内的所有国道,统一编制国道系列顺序号。

例如,首都放射线"北京—沈阳公路",第一位是"1",后两位顺序号"01",编号"G101";北南纵线"威海—汕头公路",第一位是"2",后两位顺序号"06",编号"G206";东西横线"文登—石家庄公路",第一位是"3",后两位顺序号"08",编号"G308";联络线"运城—潼关公路",第一位是"5",后两位顺序号"21",编号"G521"。

与国道的编号规则一样,省道是由"大写字母 S+3 位阿拉伯数字"组成。数字编号的第一位用"1""2""3"分别标识省会城市(自治区省府)放射线、北南纵线、东西横线。与国道编号一样,后两位数字表示的是省道在省内的顺序号。

县道、乡道和村道与普通国省道的编号方法类似,区别在于,普通国省道阿拉伯数字的第一位按地理走势的分类、后两位是顺序号,而县道、乡道和村道的 3 位阿拉伯数字都是顺序号(图 5-4-1)。

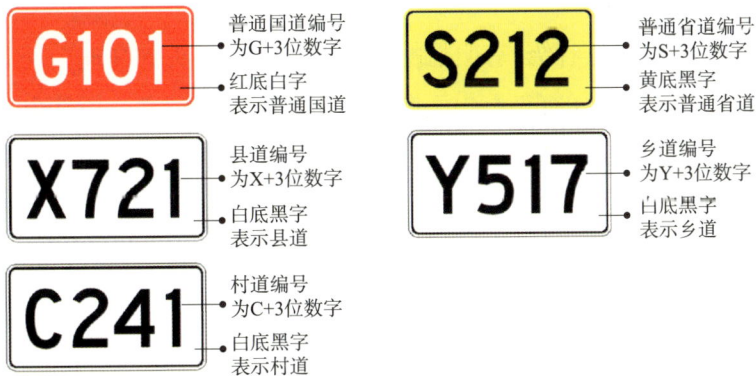

图 5-4-1 普通公路名称规则

问题 21　高速公路是如何编号的?

除了普通公路,高速公路又是怎样编号的呢?

从上文的介绍中可以看出,普通公路一般都是由"1 位大写字母 +3 位数字"组成。而高速公路一般是由"1 位大写字母(G 或者 S)+ 或 1 位或 2 位或 4 位数字"组成。这与普通国省道明显不同。

对于国家高速公路,一般来说,主线编号由"1 位大写字母 G(国道标识符)+ 或 1 位或 2 位数字"组成;城市绕城环线、联络线和并行线编号由"1 位大写字母 G(国道标识符)+4 位数字"组成。

对于省级高速公路,一般来说,由"1 位大写字母 S(省道标识符)+ 或 1 位或 2 位数字"组成(图 5-4-2)。

色块为黄底黑字,与省道配色相同,表示是省级高速

色块为红底白字,与国道配色相同,表示国家级高速公路

图 5-4-2　省级高速公路

国家高速公路与省级高速公路的区别:以 G 开头的高速公路是国家高速公路,编号上方的色块和国道的编号底纹颜色一样,同为红色。以 S 开头的高速公路是省级高速公路,编号上方的色块颜色和省道一样,为黄色。

国家高速公路编号的规则

国家高速公路编号由"大写字母 G + 或 1 位或 2 位或 4 位数字"组成，具体规则如下：

首都放射线数字编号为 1 位数，总体上由正北开始按顺时针方向升序编排，共 7 条。从东北方向开始编号，第一条是 G1 "北京——哈尔滨高速公路"（简称"京哈高速"），顺时针编号至最后一条 G7 "北京——乌鲁木齐高速公路"（简称"京新高速"）（图 5-4-3）。

北南纵线数字编号为 2 位奇数，总体上由东向西按升序编排，共 11 条。由东向西编号，第一条是东部的 G11 "鹤岗——大连高速公路"（简称"鹤大高速"），最后一条为西部的 G85 "银川——昆明高速公路"（简称"银昆高速"）（图 5-4-4）。

图 5-4-3　首都放射线线路编号　　　图 5-4-4　北南纵线线路编号

东西横线数字编号为 2 位偶数，总体上由北向南按升序编排，共 18 条。由北向南编号，第一条是北部的 G10 "绥芬河——满洲里高速公路"（简称"绥满高速"），最后一条为南部的 G80 "广州——昆明高速公路"（简称"广昆高速"）（图 5-4-5）。

地区环线数字编号为 2 位数，其中第 1 位为"9"，在全国范围总体上按照由北向南的顺序编排。例如，G91 是辽中地区环线高速公路（简称"辽中环线高速"），G95 是首都地区环线高速公路（简称"首都环线高速"）（图 5-4-6）。

城市绕城环线数字编号为 4 位数，由 2 位主线编号加 1 位识别号"0"再加上 1 位顺序号组成，即 GXX0#，在全国范围内统一编排。例如，G1503 上海绕城高速，数字编号是 4 位数字，前两位数字"15"表示主线编号即 G15 沈海高速，第三位"0"表示城市绕城高速，第四位顺序号是"3"。所以，此路是沈海高速在上海的绕城高速（图 5-4-7）。

联络线数字编号为 4 位数，由 2 位主线编号加 1 位识别号"1"再加 1 位顺序号组成，即 GXX1#，在全国范围内统一编排。例如，G1515 盐靖高速，数字编号是 4 位数字，前两位数字"15"表示主线编号即 G15 沈海高速，第三位"1"表示联络线，第四位顺序号是"5"。所以，此路是沈海高速由盐城到靖江的联络线（图 5-4-8）。

并行线数字编号为 4 位数，由 2 位主线编号加 1 位识别号"2"再加 1 位顺序号组成，即 GXX2#，在全国范围内统一编排。例如，G1523 甬莞高速，数字编号是 4 位数字，前两位数字"15"表示主线编号即 G15 沈海高速，第三位"2"表示并行线，第四位顺序号是"3"。所以，此路是沈海高速在宁波和东莞之间的并行线（图 5-4-9）。

图 5-4-5　东西横线线路编号　　　图 5-4-6　地区环线线路编号

图 5-4-7　城市绕城环线线路编号　　图 5-4-8　联络线线路编号　　图 5-4-9　并行线线路编号

问题 22 公路是如何命名的?

公路除了有编号，还有自己的名称。比如前文提到的普通国道 G101 也有自己的名称"北京—沈阳公路"，简称"京沈线"。说到这里，读者可能要问，公路的命名是否和公路的编号一样，也有一定的规则呢?

回答是肯定的。公路在命名时，一般是按照首都或省会（自治区首府）放射线、北南纵线和东西横线的起讫点（起点和终点）顺序命名，地名采用起点和终点所在地的主要行政区划名称（如北京、上海等）。公路命名对于起点和终点的顺序是有要求的：第一，放射线以首都或省会城市（自治区首府）为起点，放射线止点为终点；第二，北南纵线以路线北端为起点，南端为终点；第三，东西横线以路线东端为起点，西端为终点。

确定了公路的起讫点，就可以给公路命名。对于普通公路路线，其全称由路线起讫点的地名中间加连接符"—"组成，称为"××—××公路"。其简称则用起讫点地名的首位汉字组合表示，或采用起讫点城市或所在省、自治区、直辖市、特别行政区的法定地名简称表示，称为"××线"。例如，名称为"北京—香港公路"的公路，简称"京港线"。

高速公路路线的命名规则与普通公路类似，只不过公路名称的最后由"××公路"变为"××高速公路"，简称也变为"××高速"。例如"北京—上海高速公路"，简称"京沪高速"。

问题 23 如何快速区分普通公路和高速公路?

当我们看到一块公路指示牌中的公路标志，如何快速区分一条道路是高速公路还是普通公路呢? 一般情况下，通过公路编号可以直接判定该公路是高速公路还是普通国省道。此外，我们只需瞄一眼路牌编号标志的颜色，即可快速区分高速公路和普通公路。代表高速公路的路牌，编号配色是绿色底纹上衬白色字体；代表普通国道的路牌，编号配色是红色底纹上衬白色字体；代表普通省道的路牌，编号配色是黄色底纹上衬黑色字体。

另外，通过标志牌的背景颜色，可以判断当前正在行驶的是哪种类型的公路。蓝色表示当前所在道路是普通国道（图 5-4-10），绿色表示当前所在道路是高速公路（或城市快速路，图 5-4-11）。

图 5-4-10　位于普通公路上的标志牌，指示高速公路（左）和普通国道（右）

图 5-4-11　位于高速公路或城市快速路上的标志牌，指示高速公路（左）和普通国省道（右）

第五节　公路是如何建成和管理的？

问题 24　公路建设有哪些主要环节？

我们已经基本了解一条公路是由哪几部分构成，也已经知道如何给各种公路分类。下面我们一起来看看一条公路是如何建成的。简单来说，公路建设可分为五个主要环节（图 5-5-1）。

公路网规划 ➡ 可行性研究 ➡ 勘察设计 ➡ 工程施工 ➡ 运营养护

图 5-5-1　公路建设流程

第一个环节是公路网规划。公路网规划是交通运输部门从一个国家或者地区的经济、社会发展的全局出发，通盘考虑成本、效益、潜在社会福利等，决定哪些重要的交通节点（如城市）之间需要公路连接，哪些地方不需要公路连接。

第二个环节是可行性研究。在规划完成，确定两个城市间需布设一条公路之后，需要进行该公路项目的可行性研究，出具可行性研究报告。此环节确定了这条公路途经的详细路线。可行性研究还要分析这条公路的线路方案在工程技术、经济、生态环境和社会等方面的可行性，综合评估判断。

第三个环节是勘察设计。一条公路通过可行性评价后，我们就可以进行具体的施工勘察设计。该环节将形成公路项目的详细施工图纸，这些图纸是下一步公路建设施工的主要依据。

第四个环节是工程施工。施工单位根据设计好的公路图纸进行施工，将设计图纸变成实物，建成包括之前介绍的路基、路面、桥梁、隧道等公路工程。

第五个环节是运营养护。公路建好后，需要通过竣工验收，然后移交给公路管理养护部门进行运营养护，随后就可以通车。公路养护对于公路发挥作用十分重要，良好的养护可以使得公路处于完好状态，并向公路使用者提供优质的服务。

问题 25 什么是公路网规划？

公路网规划是公路建设的第一步，这个阶段的主要任务是根据未来的交通需求，提出公路发展的总目标和布局，划分不同路线的性质、功能及技术等级。简单来说，公路网规划就是要决定哪些节点（城市）之间需要建设公路。

公路网规划在公路建设中具有重要意义。该环节确保了公路建设的合理布局和公路网的有序协调发展，防止公路建设决策、布局的随意性和盲目性，提高了国家公路网发展的科学性和系统性。

问题 26 什么是公路建设项目可行性研究？

有了公路网规划后，我们就具备了建设一条公路的基本前提，但此时

第五章 公路小百科

247

并不能马上开始公路建设了，还需要对该公路建设项目进行可行性研究，也就是通过对与公路有关的工程技术、经济、生态环境和社会等方面的问题进行全面分析、论证和评价，从而判断公路建设项目是不是可以投资建设（图5-5-2）。

通过对公路建设项目的可行性研究，我们可以确定公路的具体走向和工程方案，包括公路沿途经过的准确位置，哪些地方需要建桥梁、隧道等，尤其需要判断是否存在工程技术上无法实现的情况。此外，可行性研究还包括国民经济评价和财务评价，简单来说就是判断公路项目产生的价值是不是大于建设成本。再有，还要研究公路项目对于生态环境以及社会等方面的影响，分析是否存在造成项目不可行的其他因素。

图 5-5-2　公路建设项目可行性研究报告编制办法

当一个公路建设项目通过研究，被认为在技术、经济、生态环境等方面都可行之后，就可以进入下一步——勘察和设计。

问题 27　什么是公路的勘察和设计？

公路的勘察和设计都是工程施工前极其重要的环节。勘察和设计关系紧密。

公路经过的区域地质条件可能会十分复杂，比如山川、河流、沙漠、冻土等。公路基础设施建设在地面上，就要经过不同类型的地质区域，有的是岩石，有的是沙土，有的是松动的山体等。如果不搞清楚地面以下的地质情况，工程建设或者使用过程中就会出现严重的灾害，造成人员伤亡和财产损失（图5-5-3）。为了尽量避免地质灾害对公路的影响，就必须进行工程地质勘察，从源头上避免穿越有重大风险的区域，或者采取必要的措施防止地质灾害的影响。

图 5-5-3　地质灾害造成公路中断

　　勘察是由工程地质勘察单位，用专业技术和设备对工程地址一定范围内的地形、地貌、地势、地质成因及构成、岩土性质及状况、水文情况等进行揭示、探明的工作（图 5-5-4）。

图 5-5-4　勘察现场和地质勘察设备及样本，根据这些采样和设备采集的数据，就可以判断公路经过区域的地质情况

　　通过专业人员勘察，形成工程地质勘察报告，对公路沿线的地质情况进行详细的分析后，公路建设项目就可以进入下一步——公路设计。公路设计是由具备相应资质的公路工程设计单位，根据国家关于公路设计的规范以及勘察报告等，进行公路选线（比工程可行性研究阶段更加精确，达到可以施工的程度）、路基设计、桥梁和隧道设计等。通过工程师的计算和绘图，我们就可以得到公路施工的依据——施工图（图 5-5-5）。按照这些图纸施工，我们就可以建设经济实用、安全可靠的公路了。

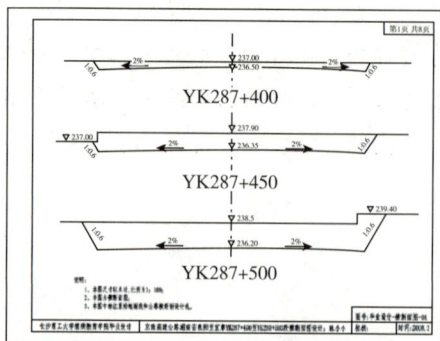

图 5-5-5　公路施工图是工程施工的依据

小知识

蓝图的由来?

在早期,工程设计师基本上采用手绘方式绘制工程设计图。但在一项大型工程中,包含数量庞大的施工人员,对于图纸的需求量巨大。如果这些图纸全部都由设计师手绘,工作量将十分惊人。为了解决这个问题,1842 年,普鲁士人发明了一种半透明纸——硫酸纸,用于工程制图。上百年来,这个工艺大大降低了工程师们绘图的工作量。

首先,将设计稿在白纸上画好,然后将硫酸纸覆盖在白纸上进行描图。

接着,使用一张浸渍了亚铁氰化钾 $\{K_4[Fe(CN)_6]\}$ 和枸橼酸铁铵(含三价铁离子)溶液并干燥后的纸,置于硫酸纸的下方。之后,将其置于紫外线光源(如阳光或者日光灯)下。曝光的亚铁氰化钾与三价铁离子发生反应,生成亚铁氰化铁 $\{Fe_4[Fe(CN)_6]_3\}$。这种物质就是著名的蓝色染料普鲁士蓝,也正是蓝图颜色的来源。而被硫酸纸上的图形遮掩的部分由于没有被曝光而维持白色。最后,将纸上未反应的物质洗去,就得到了可长久保存的蓝图。

通过这一方法,可以很容易将一张设计图复制为大量完全一致的蓝图，既降低了手工描图复制的成本，也提高了图纸的准确性。同时蓝图性质非常稳定，可以保存几十年甚至上百年。而且白色的图形在蓝色背景上对比强烈醒目（图5-5-6）。因此，在很长一段时间内，"蓝图"成为工程设计的代名词。

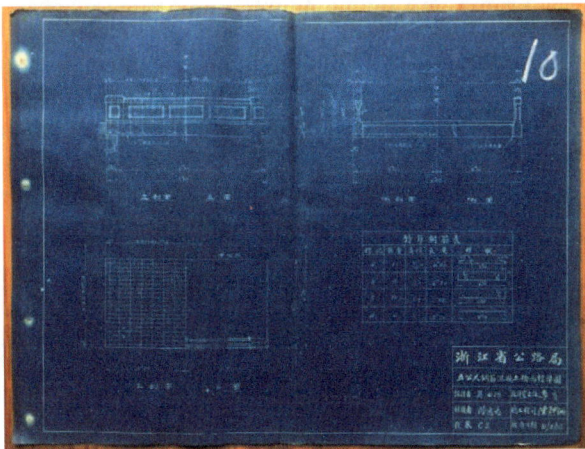

图5-5-6　桥梁蓝图

随着技术的发展，后来还出现了使用重氮盐成像法的蓝图。描图完成后，把硫酸纸作为底图铺在重氮盐感光纸上，用玻璃夹紧，放在阳光下暴晒，然后再使用氨水熏制。该方法能在浅色纸上显示出深蓝色的图形。

随着科技的进步，如今计算机辅助设计（CAD）早已成为工程设计的主要方式，对数字设计图的打印和复印非常方便，而且可使用表现能力更好的彩图，蓝图已成为历史。但作为计划、模板的代名词，"蓝图"这个词深入人心，融入我们的生活，时至今日还被用于表达规划或者计划的含义。

问题28　什么是公路工程施工？

有了设计的施工图之后，就可以按照这些设计图纸和相关文件的要求，在建设工地上将施工图纸变成现实。公路施工流程按顺序包括施工放样、土方工程、涵洞通道施工、路基施工、路面施工等（图5-5-7）。

a) 施工放样：该工序是把设计图纸上工程构筑物的平面位置和高程，用特定的测量仪器和方法测设到实地上，从而把设计图纸的内容转移到现实场地中

b) 土方工程：该工序包括土方开挖和土方填筑。土方开挖是把高于设计高程位置的土和岩石进行松动、破碎、挖掘并运出。土方填筑，是在低于设计高程的位置填土

c) 涵洞通道施工：该工序是建设涵洞的施工作业。具体包括基坑开挖、钢筋绑扎、混凝土浇筑、土方回填、盖板制作和安装等流程。涵洞是设于路基下，修筑于路面以下的排水孔道（过水通道）

d) 路基施工：该工序是指通过机械，包括铲土运输机械（例如推土机等）、挖掘与装载机械、工程运输车辆和压实机械进行施工，从而建成公路路基的施工作业

e) 路面施工：该工序是在路基之上，铺设公路路面的作业。具体包括材料准备、垫层施工、基层施工、面层施工和路容整修等流程

f) 道路通车

图5-5-7　公路施工流程

　　公路建设项目的工期受很多因素的影响，如资金投入、征地拆迁、施工难度（如隧道桥梁的数量和长度、地质条件等）。在大部分情况下，一条公路经过1~4年的施工就可以通车。

问题29　什么是公路养护？

　　公路建成通车后，由于不断承受各类车辆的磨损和冲击，承受雨淋、日晒、冰融等自然力的侵蚀和风化，以及人为的破坏和修建时遗留的某些缺陷，公路的通行使用质量会随公路的服役时间增加而逐渐降低，甚至会出现各种病害，如裂缝、变形、坑槽、松散等（图5-5-8）。

图 5-5-8　公路使用过程中出现的病害

因此，公路建成通车后，必须采取适当的养护维修措施，并根据实际情况进行适当的更新改善。公路养护必须及时修复公路损坏的部分，否则会导致修复工程的投资额增加，并缩短公路的使用寿命，给用路者带来损失。公路的养护维修还包括能够进行及时的紧急服务和公路抢修，保障公路畅通无阻。

小知识

公路养护作业的分类

公路养护作业可分为日常养护和养护工程。

公路日常养护是指通过对公路各部分的日常巡视和定期检查，保持公路平整、坡度适宜、线形顺直、路容整洁、排水良好等（图 5-5-9）。

公路养护工程是指在一段时间内集中实施，并按照科学的项目管理方法进行的公路养护作业。养护工程一般分为预防养护、修复养护和应急养护等。

预防养护是我们经常要做的养护工程。预防养护包括修补坑槽、填补微小裂缝等。这个时候，公路整体性能是良好的，只是有轻微的病害。通过预防养护工程，可以延缓公路性能的衰减，延长公路使用寿命（图 5-5-10）。

图 5-5-9　日常养护作业举例——
清理排水沟

图 5-5-10　预防养护举例——
填补微小裂缝

当公路出现明显病害时，预防养护就不够了，需要进行修复养护工程。这时，公路部门为恢复公路原有的功能而进行功能性、结构性修复或定期更换。这样的工程规模就比预防性养护工程大一些，可能持续时间更久，投入更大，工程量更大（图 5-5-11）。

如果遇到自然灾害、严重事故等突发事件，造成公路损毁，这时候就需要公路部门进行应急养护工程。通过应急养护工程，可以较快恢复公路安全通行的能力。应急养护是公路养护非常重要、不可或缺的部分（图 5-5-12）。

图 5-5-11　修复养护举例——对公路
路面的损坏部分进行修理
加固

图 5-5-12　应急养护举例——清理
地质灾害带来的落石，
尽快恢复通行

公路的养护更新也是需要大量资金投入的。这些资金从何而来呢？在公路养护管理资金方面，高速公路的养护资金主要依托车辆通行费的收入。普通国省道和农村公路的运营管理养护资金则主要依托成品油消费税。

也就是说，我们每次给汽车加油，也都是在为公路养护贡献自己的力量。

问题 30　公路建设的资金来源有哪些？

公路建设是需要大量资金投入的。例如，位于河北省保定市的荣乌高速新线为八车道高速公路，2021 年通车，每公里投资超过 3 亿元，总投资 232 亿元。从总量上看，2021 年我国公路总投资已经达到 2.6 万亿元。那么如此之多的公路建设资金是从何而来呢？其实公路建设的资金来源主要分为政府资金、信贷资金和社会资本三方面。

（1）政府资金。政府资金是指中央和各地财政划拨的资金，主要来源有中央预算内资金（由中央财政部门统一集中和管理的财政资金部分）、车辆购置税（专项用于交通基础设施建设的中央资金）和各级地方政府投入的资金。其中，车辆购置税作为中央税，是政府资金中最主要的资金来源。2021 年我国车辆购置税总额超过 3500 亿元，在中国公路建设中发挥着重要的作用。也就是说，我们每个汽车消费者购入车辆都为公路建设贡献了自己的力量。

普通国道、普通省道和农村公路主要是依靠政府资金投入修建的。这些道路都是免费通行的。然而，高速公路建设需要的资金十分巨大，仅仅依靠政府投入是不够的。这时候就需要通过信贷资金和社会资本来填补余下的资金缺口。之后再通过高速公路运营收取通行费的方式来偿还修建时的贷款。

（2）信贷资金。银行贷款一直是我国公路建设的重要资金来源。多年来，我国将公路建设作为基础产业给予重点扶持。银行也不断加大对收益稳定的公路建设项目的贷款投入力度。国内银行贷款是我国高速公路建设最主要和最重要的资金来源。

（3）社会资本。社会资本通过特许经营模式（包括 BOT 和 PPP）、债券或股票等多种渠道参与公路建设。其中，特许经营模式经过不断摸索、创新，至今形式多样。20 世纪 90 年代，我国第一轮民营资本参与公共基础设施建设的热潮中，当时的项目大多使用了 BOT 模式。BOT 模式是指政府部门就某个公路项目与私人企业（项目公司）签订特许权协议，授予签约方的私人企业来承担该项目的投资、融资、建设和维护，在协议规定的特许期限内，许可其融资建设和经营特定的公路设施，并准许其通过向用户收取通行费以清偿贷款、收回投资并赚取利润。BOT 模式也是当前我国经营性高速公路建设普遍采用的模式。

此外，地方政府还可以通过发行收费公路专项债券为收费公路建设筹集资金，以项目对应的车辆通行费、广告费等收入偿还。这种融资方式有利于拓展公路建设筹资渠道，也有利于规范地方政府举债行为。2022 年，全国发行收费公路专项债券金额达到 1484 亿元，有力地促进了公路建设。

当前，针对庞大的公路存量资产，我国正在积极探索 ABS、REITs 等金融工具进行融资。其中，收费公路 ABS 是通过结构化设计将未来一段时期的公路收费收益权利所产生的现金流提前变现，从而帮助高速公路企业实现再融资。高速公路 REITs 是一种通过发行信托基金筹集社会资金，委托专门的投资机构进行高速公路相关投资经营管理，将高速公路投资综合收益按比例分配给信托基金持有者的投资组织形式。高速公路企业可以通过 REITs 募集资金，用于新项目的投资建设或存量项目的提升改造，打造投资滚动发展的良性循环。

问题 31 公路是如何管理的？

在我国，公路事业由交通运输部门负责管理。交通管理实行统一领导、分级管理的原则。公路的行政管理机构可以分为中央和地方两个层次，其中地方层次还可以细分为省级、市级和县级等。

小知识

财政事权和支出责任

财政事权是指一级政府应承担的运用财政资金提供基本公共服务的任务和职责。支出责任是指政府履行财政事权的义务和保障。具体到公路领域的财政事权和支出责任，就是要明确各级管理机构的公路规划、建设、养护和管理等领域的任务和职责，以及义务和保障。

属于中央并由中央组织实施的财政事权，原则上由中央承担支出责任，例如公路领域的（国际）界河桥梁；属于地方并由地方组织实施的财政事权，原则上由地方承担支出责任，例如公路领域里的省道和农村公路；属于中央和地方共同财政事权，根据基本公共服务的受益范围、影响程度，区分情况，确定中央和地方的支出责任以及承担方式，例如公路领域里的国道（包括国家高速公路和普通国道）。

在中央层面，交通运输部是公路行业的最高行政管理机构（图5-5-13）。公路领域属于中央的财政事权包括国道的宏观管理、专项规划、政策制定、监督评价、路网运行监测和协调，国家高速公路中由中央负责部分的建设和管理，普通国道中由中央负责部分的建设、管理和养护等职责。

图 5-5-13　交通运输部

中央承担国家高速公路建设资本金（在公路建设项目总投资中由投资者认缴的出资额，为非债务资金）中的相应支出，承担普通国道建设、养护和管理中由中央负责事项的相应支出。

在省（自治区、直辖市）层面，交通运输厅（委员会）是本省（自治区、直辖市）公路行业的行政管理机构，如图5-5-14（左）。在市（县）层面，交通运输局是本市（县）公路行业的行政管理机构，如图5-5-14（右）。省级及以下公路领域财政事权和支出责任，由各省（自治区、直辖市）人民政府确定。

第五章　公路小百科

257

图 5-5-14　交通运输厅（省级）（左）和交通运输局（市级、县级）（右）

小知识

江苏省公路领域财政事权划分

不同省份对于省与市县财政事权和支出责任的规定不尽相同。以江苏省为例，财政事权和支出责任分为高速公路、普通国省道、农村公路三个细分领域。

（1）高速公路。省级财政事权为：省级承担除中央负责部分以外的国家高速公路的监督管理职责，承担省高速公路宏观管理、专项规划、政策制定、监督评价、路网运行监测和协调等职责。省与市县共同财政事权为：以省为主投资的高速公路，省级承担建设、养护、管理、运营、应急处置等相应职责，并具体组织实施，市县承担相应的规划预控、地方资本金筹集等。市县财政事权为：发挥市县政府积极性，鼓励以市为主投资建设运营高速公路，相应的建设、养护、管理、运营、应急处置等职责由市县承担，具体组织实施。

（2）普通国省道。省级财政事权为：省级承担除中央负责部分以外的普通国省道的宏观管理、专项规划、政策制定、监督评价职责。省与市县共同财政事权为：共同承担除中央负责部分以外的全省普通国省道建设、养护、运营、管理职责，部分重要普通国省道建设、养护项目具体执行事项可由省级负责实施。市县财政事权为：市县承担本行政区域内普通国省道建设项目的组织实施、征地拆迁、建设资金筹集以及养护、管理、运营职责，负责具体执行事项实施。

（3）农村公路。省级财政事权为：省级承担全省农村公路的宏观管理、专项规划、政策制定、监督评价职责。市县财政事权为：市县承担本行政区域内农村公路专项规划、政策制定和监督评价，以及建设、养护、管理、运营等职责。

参 考 文 献

[1] 艾建杰, 罗清波, 尹紫红, 等. 公路工程施工技术 [M]. 重庆: 重庆大学出版社, 2020.

[2] 佚名. 澳大利亚一号公路: 世界最长国道 [J]. 地球, 2017(11): 43.

[3] 巴基斯坦基础设施行业展望及建议 [J]. 国际工程与劳务, 2022(4): 42-46.

[4] 白寿彝. 中国交通史 [M]. 北京: 团结出版社, 2011.

[5] 佚名. 德国打造首条电气化高速公路 [J]. 高科技与产业化, 2017(9): 8.

[6] 范圆圆. 弘扬"红船精神"助力共同富裕——浙江省嘉兴市南湖区"四好农村路"建设经验分享 [J]. 中国公路, 2021, 599(19): 36-41.

[7] 高华, 李丽红, 段继效. 项目可行性研究与评估 [M]. 2 版. 北京: 机械工业出版社, 2019.

[8] 中华人民共和国国务院新闻办公室. 徐文强: 见证西藏 240 万农牧民群众和全国人民一道奔小康 [EB/OL]. (2020-08-12)[2023-02-17].http://www.scio.gov.cn/xwfbh/xwbfbh/wqfbh/42311/43435/zy43448/Document/1685296/1685296.htm.

[9] 蒋桂芹, 邹光华, 陈建军. 新时期公路水路交通基础设施发展投融资政策研究 [M]. 北京: 中国财政经济出版社, 2020.

[10] 康欣平. 试论川藏、青藏公路修筑的历史作用和伟大意义 [J]. 西藏研究, 2022, 192(1): 49-57.

[11] 李益华, 杨建平. 美国联邦财政事权公路项目的管理与监督 [J]. 中国财政, 2020(17): 74-77.

[12] 龙昊, 黄伟熔. 美日"新基建"发展经验及其对我国的启示 [J]. 发展研究, 2020(7): 21-25.

[13] 裴玉龙 . 公路网规划 [M]. 2 版 . 北京：人民交通出版社，2011.

[14] 澎湃新闻 . 路上的美国史 /41 号公路：从美国的尽头到世界的尽头 [EB/
    OL].(2018-08-26)[2022-07-25]. https：//www.thepaper.cn/newsDetail_
    forward_2228150.

[15] 邵旭东，等 . 桥梁工程 [M]. 5 版 . 北京：人民交通出版社股份有限公司，
    2019.

[16] 沈雨欣 . 挂壁公路 太行山上的天路 [J]. 百科知识，2020(26)：56-61.

[17] 汪玚 . 他山之石：国外公路建设的能源利用 [J]. 交通建设与管理，
    2018(2)：42-45.

[18] 王娇娥，等 . 简明中国交通历史地图集 [M]. 北京：星球地图出版社，
    2018.

[19] 王鹏 . 西藏墨脱公路建设 "全纪录"：从 "猴子路" 到通达坦途 [EB/
    OL].(2021-04-01)[2022-03-20]. https：//www.zangdiyg.com/article/detail/
    id/19012.html.

[20] 王少飞 . 英国智慧高速公路建设发展的经验与启示 [J]. 汽车与安全，
    2020(12)：104-109.

[21] 王毅才 . 隧道工程 [M]. 2 版 . 北京：人民交通出版社，2006.

[22] 席龙飞，杨熺，唐锡仁，等 . 中国科学技术史 · 交通卷 [M]. 北京：科学
    出版社，2004.

[23] 夏目历史君 . 印度为何称自己公路 "天下第一"，它的天下第一是怎么
    来的？[EB/OL]. (2020-02-08)[2022-03-21]. https：//www.sohu.com/a/371395
    720_120177421.

[24] 贤妮 . 领先世界的法国交通 [J]. 交通与运输，2014(4)：73-74.

[25] 熊排良 . 中国参与非洲公路建设的现状与前景 [J]. 工程技术研究，
    2019(21)：251-252.

[26] 徐艳文 . 南非的道路交通 [J]. 城市公共交通，2018(12)：73-74.

[27] 羊城晚报掌上羊城 . 龙腾港珠澳！世界上最长的跨海大桥来了！独家
    V视，一条遍览 [EB/OL].(2018-10-22)[2022-04-29]. http：//k.sina.com.

cn/article_6516196835_m1846545e301900djm7.html.

[28] 叶红丽.高速公路对沿线区域经济增长贡献的实证分析 [J].智富时代,
2018(6):67.

[29] 叶山.路上的美国史——美国的母亲之路:66 号公路 [J].公关世界,
2019(22):44-53.

[30] 虞笑晨.德国高速公路对小车真的不限速吗? [J].交通与运输,2018
(1):54-55.

[31] 袁芳.公路养护技术与管理 [M].北京:人民交通出版社股份有限公司,
2020.

[32] 袁瑜.典型国家公路管理体制改革经验 [J].综合运输,2020(1):108-
113.

[33] 苑浩畅."一带一路"背景下中国对塞尔维亚投资面临的问题及完善
路径 [J].对外经贸实务,2019(4):53-56.

[34] 赵光辉,吴宏,张慧玲.交通运输促进共同富裕政策研究 [J].重庆交通
大学学报(社会科学版),2022,22(2):19-30.

[35] 中国国家地理网."中国最美公路"榜单来了 [EB/OL].(2021-12-05)
[2022-08-10]. http://www.dili360.com/article/p61acb5526e8d026.html.

[36] 佚名.中国最美公路,您知道哪几条? [J].现代商业银行,2021(10):
10-13.

[37] 中华人民共和国住房和城乡建设部.工程勘察通用规范:GB 55017—
2021[S].北京:中国建筑工业出版社,2022.

[38] 全国交通工程设施(公路)标准化技术委员会.公路路线标识规则和
国道编号:GB/T 917—2017[S].北京:中国标准出版社,2017.

[39] 中华人民共和国交通部.中国路谱 [M].北京:人民交通出版社,2009.

[40] 中华人民共和国交通部.中国桥谱 [M].北京:人民交通出版社,2003.

[41] 中华人民共和国交通运输部.中国交通运输改革开放 40 年:综合卷
[M].北京:人民交通出版社股份有限公司,2018.

[42] 中华人民共和国交通运输部.中国桥谱(第二卷)[M].北京:人民交通

出版社股份有限公司, 2021.

[43] 中华人民共和国交通运输部. 公路工程技术标准: JTG B01—2014[S]. 北京: 人民交通出版社股份有限公司, 2015.

[44] 周伟, 张生瑞. 公路网规划理论与方法 [M]. 北京: 中国铁道出版社, 2009.

[45] 慕生忠. 青藏公路之父 [J]. 科学大观园, 2021(17): 52-55.

[46] 张国藩, 胡俊璐. 化作昆仑一抔泥 ——慕生忠将军诞辰 95 周年纪念 [J]. 档案, 2015, 262(9): 32-37.

起 源

公元前 27 世纪
中国的黄河流域和长江以北地区出现人工修筑的道路。

公元前 20 世纪
埃及人为建筑金字塔与狮身人面像修建了道路。

公元前 11 至前 8 世纪
西周建成都城镐京（今西安附近）至东都洛邑（今洛阳）的周道，在我国经济文化的发展史上起到了奠基性的作用。

公元前 2 世纪
秦朝修筑"驰道"，这是中国历史上最早的"国道"。为阻止和防范北方匈奴骑兵的侵扰，秦始皇下令建设"直道"，由咸阳通往北境阴山间。

公元 6 世纪至 10 世纪
隋代建成了赵州桥，这是世界上现存年代久远、跨度最大、保存最完整的单孔坦弧敞肩石拱桥。

唐代发达的道路，使得都城长安成为国内与国际的陆路交通的枢纽。唐朝时期道路对国家的作用已经从维持国家有效统治、快速集结调动军队的政治军事目的，转变为以国际、国内经济、文化交流为主要目的。

我国西南地区出现通往西藏的"茶马古道"，推动了各民族经济文化的发展，加强了民族间的团结。

罗马帝国灭亡后，西方道路的发展也放缓了速度，欧洲居民依旧在使用旧时的罗马大道。

大部分的罗马大道最终在 10 世纪至 11 世纪相继被废弃。

公元 15 世纪至 19 世纪
明朝形成了以两京（北京、南京）为中心向四周辐射的驿路网络，促进了明代经济的发展，使明朝中后期出现了商品流通空前繁荣的局面。

清朝建成"官马大路"，由北京向各方辐射，主要通往各省城，联通边疆地区，保持多民族国家的空前统一具有重大意义。

随着文艺复兴、启蒙运动、工业革命和政治革命，19 世纪的欧洲各个国家已经以各种方式实现了中央集权，各国政府开始积极发展交通系统。

17 世纪法国国王命令修建连通全国主要城市的道路系统。

18 世纪英国通过《公路总法案》，开始修建"收费公路"，极大促进了经济社会发

公元前 18 世纪
中国形成以商都为中心，通往各诸侯领地的道路系统。

公元前 12 世纪
亚述帝国（今伊拉克、伊朗和叙利亚一带）为方便战争修筑长距离道路。

公元前 7 至前 3 世纪
战国时期在悬崖峭壁上修筑栈道通行，从而使得道路穿越崇山峻岭。

波斯帝国（今伊朗）建成皇家大道，总长 1600 公里。

公元前 2 世纪至公元 5 世纪
汉王朝在秦"驰道"的基础上继续拓展道路网，并首次将国家干线道路称之为"驿道"。

中国古人开凿出世界上最早的隧道——"石门"。

张骞出使西域，奠定"丝绸之路"。

罗马帝国建成了以首都罗马为中心、四通八达的道路网——罗马大道，以维持对国家的统一管理。

公元 11 世纪至 14 世纪
宋代的城市道路建设与交通管理十分发达，与隋唐时代的城市有着明显的区别。这一时期的城市建设，实现了街和市的有机结合。城内大道两旁，第一次成为百业汇聚之区。

陆上"丝绸之路"中断，宋代海运逐渐兴盛。

金朝建成了卢沟桥，1937 年 7 月 7 日日本在此发动全面侵华战争，史称"卢沟桥事变"。

元朝以大都（今北京）为中心，修建了全国统一的道路网络，奠定了明清两代道路的基础。

元代重新开启"丝绸之路"。

这一时期欧洲各地处于封建割据状态，各国修建的一些新道路与罗马大道不同，主要为连接各个居民点的道路，而非连接行政中心。

诞 生

发 展

1886 年
德国人本茨制造出世界上第一辆汽车——标志着人类进入汽车时代。

1913 年
美国第一条连接东西海岸横贯大陆的公路——林肯公路通车。随后，美国开始大规模建设公路。

1926 年
美国国道诞生，这是世界上第一个有编号的具有国道性质的公路系统。

1932 年
德国第一条"高速公路"——科隆—波恩公路通车，这也是世界上第一条高速公路。

1954 年
青藏公路、川藏公路（北线）正式通车。这是在世界屋脊上第一次修通了现代公路。1958 年，川藏公路（南线）正式通车。

1957 年
"万里长江第一桥"——武汉长江大桥通车。这是"天堑"长江上修建的第一座大桥，成为连接中国南北的大动脉。

1963 年
我国挂壁公路的先驱——锡崖沟挂壁公路开工，它的修建使得与世隔绝的山村与外界连接，并诞生了"锡崖沟精神"。

世界最长公路——泛美公路南美洲段（除达连隘口）通车。

1966 年
巴基斯坦与中国合作建设的喀喇昆仑公路开工。整条公路在冰川、高原、峡谷之间穿梭，堪称 20 世纪人类土木工程的奇迹。

1972 年
阿拉伯联合首长国 E11 高速公路建成，该公路促成了阿布扎比和迪拜两个首长国的统一。

1984 年
我国大陆首条开工建设的高速公路——沈大高速公路开始施工。

1908 年
美国福特公司量产 T 型车，使得汽车进入中产阶级家庭，为公路的广泛建设奠定基础。

1920 年
中国广东省成立"公路处"，汉语"公路"一词第一次出现。

20 世纪 20 年代，中国最早的一批近代公路出现，如龙州至凭祥公路、邕宁至武鸣公路等。上海、天津等城市，开始出现了沥青和水泥混凝土路面。

1928 年
根据孙中山《建国方略》中以我国地理中心——兰州为交通中心的思想，国民政府交通部公布中国第一个全国道路网规划——"四经三纬国道网"。

1937 年
我国修建缅甸到中国云南的公路——滇缅公路，为中国抗日战争的胜利发挥了巨大作用。

中国自行设计建造的第一座双层铁路、公路两用桥——钱塘江大桥通车。

1956 年
美国规划州际公路系统。20 世纪 50 年代开始，美国开始大规模进行高速公路建设。联邦德国也开始在全国大规模建设高速公路。

1959 年
英国开通了第一条高速公路 M1，并开始在全国大规模建设高速公路。

1965 年
日本开通了第一条高速公路——名古屋至神户的高速公路，并从此开始在全国大力建设高速公路。

1968 年
长江上第一座由中国自行设计和建造的公铁两用桥梁——南京长江大桥通车。

1981 年
我国历史上第一个得到国务院认可的国家级干线公路网规划出台，简称"国道网"，这标志着我国公路发展进入了构建全国性干线公路网的历史新时期。

1995 年
美国提出国家公路系统（NHS）并使用至今。

2004 年
我国第一个针对高速公路网的国家级规划《国家高速公路网规划》出台。

2008 年
我国研制出第一台国产盾构机（隧道施工重要机械），从此摆脱在该领域被西方"卡脖子"的状况。

2013 年
习近平总书记提出建设"丝绸之路经济带"和"21世纪海上丝绸之路"的合作倡议。

《国家公路网规划（2013年—2030年）》获国务院批准。该规划对国家高速公路与普通国道进行了系统谋划。

墨脱公路（扎墨公路）通车，标志着我国真正实现县县通公路。

2018 年
港珠澳大桥通车。这是目前世界最长的跨海大桥，因其超大的建筑规模、空前的施工难度和顶尖的建造技术而闻名世界。

2020 年
世界最长海底公路隧道青岛胶州湾第二隧道开工。

全国最后一个未通公路的建制村——阿布洛哈村实现公路通车，标志着我国全面实现具备条件的乡镇、建制村100%通客车。

2021 年
中共中央、国务院印发《国家综合立体交通网规划纲要》。

1988 年
我国大陆首条建成的高速公路——沪嘉高速公路通车。

1999 年
我国高速公路里程超过1万公里。

我国第一座跨径超千米的特大型悬索桥——江阴长江大桥通车，它是20世纪中国桥梁工程建设的里程碑，跻身世界桥梁前列。

法国和意大利边境发生了人类历史上最严重的隧道火灾——勃朗峰隧道火灾。

2007 年
世界最长双洞单向公路隧道——秦岭终南山隧道通车，它的建成使中国南北分界线秦岭变通途。

2012 年
中国高速公路通车里程达到9.6万公里，首次居世界第一，并保持至今。

2014 年
习近平总书记作出重要批示，要求把农村公路"建好、管好、护好、运营好"。

2019 年
中共中央、国务院印发《交通强国建设纲要》。

2022 年
《国家公路网规划》印发，为我国公路发展绘制了蓝图。我国将建成覆盖广泛、功能完备、集约高效、绿色智能、安全可靠的现代化高质量国家公路网。